孩子需要家庭仪式感

谢 普/编著

吉林文史出版社
JILIN WENSHI CHUBANSHE

图书在版编目（CIP）数据

孩子需要家庭仪式感 / 谢普编著 . -- 长春 : 吉林文史出版社，2023.5

ISBN 978-7-5472-9158-0

Ⅰ . ①孩… Ⅱ . ①谢… Ⅲ . ①儿童教育—家庭教育 Ⅳ . ① G782

中国版本图书馆 CIP 数据核字 (2022) 第 196626 号

孩子需要家庭仪式感

HAIZI XUYAO JIATING YISHIGAN

编 著	谢 普
出 版 人	张 强
责任编辑	王 辰
封面设计	郑金霞
出版发行	吉林文史出版社
地 址	长春市净月区福祉大路 5788 号出版大厦
印 刷	天津海德伟业印务有限公司
开 本	640mm×910mm　1/16
印 张	12
字 数	113 千
版 次	2023 年 5 月第 1 版
印 次	2023 年 5 月第 1 次印刷
书 号	ISBN 978-7-5472-9158-0
定 价	69.00 元

生活每天都在继续，我们就像是一只陀螺，不知疲倦地旋转着。在这周而复始的重复中，我们应该停下忙碌的脚步，抽点时间，花点心思，用心去营造一下仪式感，特别是为孩子量身定制的家庭仪式感。它们能够唤起我们对美好生活的热爱和向往，并能够在当下和未来提醒我们的家人，有人在意我们、深深地爱着我们。

仪式是什么？《小王子》中的小狐狸说："它就是使某一天与其他日子不同，使某一时刻与其他时刻不同。"小王子在每天固定的时间去看小狐狸，这就是仪式。小狐狸每天等待小王子到来的心情，就是仪式感。所谓的仪式感，并不是指某一天某一时刻有多么独特，而是因为参与者不同的心情和心境，让这个瞬间变得与众不同。孩子作为未来要走向社会的一个独立个体，他更需要具备感知仪式感的能力。

一位心理学家曾说过："正常的身心成长需要一定的仪式感，在这个小小的仪式中，其实就是一种强烈的自我暗示，让自己的注意力更集中、更认真、更用心，仪式感，暗示你必须认真地去对待这件事。"就像是我们以前上学时，会穿校服。穿校服并非单纯是为了美观，而是为了一种仪式感，有助于我们感悟特定的校园文化。

仪式感是孩子成长路上不可或缺的一个历程。有仪式感的生活，能让孩子体会到它的精致之美；有仪式感的人生，能让孩子体会到自己存在的独特价值。心理学博士芭芭拉·费瑟（Barbara Fiese）和她的研究团队经过 50 年的研究，得出了一个令人吃惊的结论：幸福家庭维持良好亲子关系的秘诀，就是这个家庭能够一代代有效地传承他们的家庭仪式感。我们如何重视孩子，孩子就会怎样地重视自己。这是一种外在的仪式，更是一种内在的力量！

孩子的幸福感，很大程度上取决于家庭所给予的仪式感。这本书共分为八个章节，分别从仪式感的力量、孩子的成长、爱的守护、心灵的沟通、舌尖上的记忆、学习态度、生活点滴、节日气氛等方面，以浅显的语言进行阐述，并通过生活中的一个个故事去论证。孩子的成长需要仪式感，希望本书可以为各位父母营造家庭仪式感提供一点儿借鉴和参考，让家庭生活充满更多的爱和温暖。

第一章

超出你想象，相信仪式感的力量

　　我们多数人对"仪式感"存有误解，会想当然地认为仪式只是一种形式，无关紧要。然而事实并非如此。仪式具有非常强大的力量，它对孩子的成长有着非常重要的影响。仪式感能让孩子真切体会到自己在父母心里的重要性，同时也会让他对父母更加亲近与信任。通常来说，在充满仪式感的生活中长大的孩子更加自信、乐观、勇敢和坚强，他们的心中充满了爱与阳光。因此，作为家长，我们需要在生活中用心营造仪式感，为孩子的健康快乐成长保驾护航。

1. 仪式感，影响孩子的价值观

所谓仪式，简单来说就是某种庄重的秩序或形式，比如升旗、婚礼、庆典等。而仪式感，就是我们在相应的时间与空间下，内心所产生的、不同以往的心理状态与情感体验。因为不同以往，所以它能长久地留存在人们的记忆当中，并且对一个人的未来产生重要影响。作为父母，我们也应学会营造仪式感，创造机会让孩子体验有仪式感的生活，以便孩子能够更好地成长。

比如在肯定孩子行为的过程中，我们有仪式感的点评能让孩子得到充分的肯定，知道什么是对的，什么是错的。孩子也会将这种仪式感积极地反馈到生活和学习中。关于这一点，美国心理学家斯金纳就曾经说过："当人们的某种行为，从他人那里得到愉快的结果时，这种结果会反过来，成为推进人们重复此种行为的力量。"所以有仪式感的肯定，会成为孩子最好的鞭策力，帮助孩子形成正确的价值观。

周末，学校开展"'用心陪伴，幸福成长'十岁成人礼"活动，除了学校组织的集体活动外，老师还建议家长为自己的孩子准备一份成人礼礼物。

洋洋的爸爸妈妈给他准备的礼物是一封长信。信中写道：第一次给你写信，感慨万千。昨天还感觉你是一个牙牙学语、蹒跚学步的小人儿，今天你就变成了阳光开朗、活泼俊俏的少年，在不经意间你就长大了，我们却变老了……今天是你十岁的成人礼，希望你以后能够成为一个勇敢、正直、有担当的孩子……

　　看了爸爸妈妈的这封爱意浓浓的信，洋洋几乎感动得落泪，回想自己之前的表现，他感觉有些惭愧：妈妈不给买玩具就坐在地上大哭，在家里随手乱扔东西，闯祸了只知道躲在妈妈身后……

　　想到这里，洋洋突然抬起头，对爸爸妈妈说："从今天开始，我就变成少年了。我知道过去我很淘气，表现得不好，以后我要改正自己的缺点，做一个懂事的孩子，将来为国家和社会做贡献。"

　　洋洋的一番话让爸爸妈妈觉得，这次活动真是太有意义了，让孩子初步对自己的人生价值有了认识，也一定会对他今后的成长产生非常积极的影响。

　　很多时候，平淡的日子并不会在孩子心里掀起多少波澜，对他的成长也不会有太大的激励作用。但当一件事情有了仪式感后，孩子会静下心来认真思考，审视过去，畅想未来，这对孩子的成长来说，是极为有益的。每个人的人生都需要铭记和思考，孩子也不例外。

　　仪式感不等同于形式主义。如果生活中，我们凡事都要追求形式，隔三岔五举行大大小小的所谓的"仪式"，那么对孩子不仅起不到激励的作用，反而会让孩子过于注重形式，喜欢做表面文章，最后对其价值观产生一定的负面影响。

乐乐的妈妈自从知道了仪式感对孩子的重要性之后，总会想方设法地给乐乐举办各种各样的仪式，希望孩子能记住人生的每一个时刻。然而，妈妈的仪式实在是太多了，开学仪式、百分仪式、进步仪式、好人好事仪式……起初，每一次仪式乐乐都很开心，可是在经历过太多没有意义的"仪式"后，乐乐对这种"仪式"不再敏感，觉得这种仪式只不过是一个形式而已，没有那么重要。面对妈妈热衷举办仪式的习惯，乐乐甚至觉得举办仪式就是做给别人看的，没有什么实际意义。

一次，奶奶从农村老家来看乐乐，乐乐提议给奶奶举办一个欢迎仪式，自己还特意拍了照片，爸爸觉得乐乐真是懂事了。可是，欢迎仪式结束以后，乐乐平日里都不跟奶奶说话。爸爸问起这件事情时，乐乐很自然地说："仪式举办过了，我的事情已经做完了。"

"你不应该多陪陪奶奶吗？"

"我有自己的事情，顾不上。"

"看你积极准备欢迎仪式，我还以为你特别想奶奶才做的。"

"走个形式而已。这样别人就会认为咱们对奶奶很欢迎，是孝顺她的。"

"那你这仪式是做给别人看的？"

"要不然呢？"

乐乐的话让爸爸有些失望。爸爸很认真地告诉乐乐："仪式是记录自己人生历程，见证人生意义的，绝不是给别人做样子。

　　如果一个人心中怀有这种形式主义的思想去做事情，那他将很难形成正确的价值观，对他的成长没有任何好处。"

　　听了爸爸的话，乐乐开始反思自己的行为，觉得自己的想法确实不对，为了形式去做事情，没有任何意义。

　　上述案例中的乐乐之所以会产生形式主义思想，根源还是在于妈妈过度举办的"仪式"。这种过度"仪式"，对孩子的思想产生了负面影响，让孩子得出错误的认识。作为父母，我们要让孩子正确认识仪式感，举办有意义的仪式，而非流于形式。要让孩子从仪式中汲取积极正能量的东西，体验人生的不同时刻，逐渐认清自己人生的价值所在。让有意义的仪式感净化孩子的心灵，对他产生一定的触动，并促进他健康快乐地成长。

2. 仪式感，为孩子注入勇气

在与孩子朝夕相处的过程中，作为父母，我们常常会教育孩子要坚强、勇敢，可当遇到问题时，他还是会哭哭啼啼、畏缩不前。对此，我们感到无奈的同时，也会认为自己的教育很失败。其实想要让孩子变得坚强、勇敢并不是一件难事，如果能选择合适的时机给孩子来一次仪式感十足的勇气体验，那么他的一生都会感受到勇气带给他的力量。

一天，爸爸和小明走在回家的路上。正值傍晚时分，天气凉爽，小区里乘凉玩耍的人特别多，尤其是小孩子，都在院子里享受着欢乐的时光。他们有的在蹒跚学步，有的在玩滑板车，有的在做游戏。

走到一个拐弯处，小明看见迎面驶来一辆电动车。那辆电动车的速度非常快。就在这时，路口突然冲出来一个玩滑板车的小孩儿。眼看电动车刹不住车，就要撞上小孩儿了，周围的人发出了一阵尖叫。小明也不知道自己哪儿来的勇气，一个箭步冲上去，把小孩儿抱了起来。小孩儿最后安然无恙。大家都夸奖说："幸亏小明眼疾手快，否则电动车非撞上孩子不可。"

回到家以后，爸爸告诉妈妈要多做几个菜。妈妈非常纳闷，但也没有问原因。开饭了，爸爸认真地对小明说："今天我让妈妈做这桌菜，是专门嘉奖你的。今天你救下小孩儿的行为非常机敏，你也非常勇敢，这说明你长大了。爸爸妈妈都很为你高兴。"

从小到大，小明从没有得到过爸爸如此正式的夸奖，心里美滋滋的。同时，他心里也默默地想："我一定要记住今天，我救下了一个小孩儿，以后别人遇到危险，需要帮助的时候，我还要伸出双手帮助对方。"

行胜于言，在教育孩子上，有时候，精心准备一场仪式，远比在他耳边说上千万遍更为有效。因为仪式感可以激发孩子内心的荣誉感，同时自信和勇气也会得以加强，并在生活中付诸行动。

现实中有些父母的仪式感并不强，他们认识不到其重要性，自然在教育孩子的过程中并不会去为孩子精心布置一场仪式。当孩子长大后，回忆自己童年的时候，他的脑海中没有什么可值得纪念的日子，也没有什么让自己感到激动的事情，尤其在勇气的培养方面，这样的孩子很难会变得坚强、勇敢，由于父母相关激励的缺失，他往往胆小、懦弱，凡事能躲则躲。

凡凡是一个小学五年级的孩子，个子高，身体也非常壮实，在别人眼中已然是一个大小伙子了。可事实上，他的性格非常懦弱，哪怕遇到芝麻大的一件小事，也会着急害怕，然后哭鼻子。

他的性格特点之所以会这样，与父母对他的教育有很大的关系。

　　凡凡的爸爸妈妈都是沉默寡言的人。凡凡很小的时候，遇到棘手的问题就会哭，上了幼儿园后，老师经常会鼓励和夸奖他，"凡凡今天真棒，居然自己独立完成了任务""凡凡真坚强，摔倒了居然没有哭"……每当凡凡把这些话说给爸爸妈妈听的时候，他们总是很敷衍地附和"的确很棒"。

　　一次，凡凡和妈妈一起出门时不小心摔了一跤，他正要哭，忽然想到了老师的话，于是便忍着疼站起来。之后，他问妈妈："你看我今天摔倒了没哭，是不是很坚强呢？"

妈妈听了，却很平静地说："这就坚强了？男孩子本就应该这样。"

凡凡本以为妈妈会夸奖自己，没想到她却如此轻描淡写，甚至因为忙着走路看也没多看自己一眼。他很失望，心想：还不如每次哭鼻子呢，那样的话至少妈妈还能安慰自己一番。

从那以后，凡凡又和从前一样，在爸爸妈妈面前，稍微受点委屈便哭鼻子。

心理学上有个现象，叫心锚效应，即人的某种心情与某种行为或表情产生链接，而产生的条件反射。简单地说，就是链接一些特殊的事物或现象与某种情绪状态之间的仪式。上述案例中的凡凡，因为他的妈妈没有对他所表现出的勇敢行为，给予适时的肯定与赞赏，更没有为其精心准备一场该有的仪式，久而久之，他的性格就变得自卑与怯懦。在生活中尽量用富于仪式感的方式适时地对孩子进行激励，让他感受到勇气和坚强所带来的荣誉感，让那些美好的瞬间在他的人生历程中留下深刻的印记，从而鼓励他成为一个坚强、勇敢的孩子。一个勇气可嘉的孩子，未来走上社会，即便是遇到困难与挫折，也能不慌不忙，从容面对。

3.仪式感，让孩子自信满满

在教育孩子的问题上，有很多因素决定着孩子的成长，而让孩子树立自信则是其中非常重要的一个方面。如何才能让孩子拥有自信？对孩子进行富有仪式感的激励和肯定是帮助其树立自信心的一个重要方式。

乐乐从五岁就开始练习钢琴，到现在已经三年时间了。在这三年中，她每天默默练习，始终没有什么成就感，对钢琴的兴趣也越来越低。后来妈妈看出她的情绪，就与她进行谈心："宝贝，你最近练钢琴怎么总是无精打采的，是不是学习累了？"

"不是的妈妈，我就是感觉没什么意思。"

"怎么会没意思呢？你看看那些大钢琴家，贝多芬、莫扎特，你将来也能大有作为的。"

"可是将来好远呀，我现在完全感觉不到练钢琴的意义。"

面对孩子这样的话，妈妈不知道该继续说什么，因为"将来在舞台上表演""做一个伟大的作曲家"或者"陶冶自己的情操"，这些话对孩子来说都没有什么实际意义，当然也起不到应有的鼓励作用。

　　一天，妈妈想到了一个好方法。她准备给乐乐开一次家庭演奏会。她在客厅布置了很多听众座位，打算邀请一些关系较好的亲戚朋友来参加。同时，妈妈也把房间装饰了一下，还真有点音乐会的感觉呢。乐乐放学回家，看见妈妈的安排，诧异地问道："妈妈，你这是要干什么呀？"

　　"你不是觉得没意思吗？妈妈给你安排个有意思的演奏会。"之后几天，乐乐努力练习，在家庭演奏会那天她弹奏流畅，获得了掌声和好评。也是从那天开始，乐乐练琴的情绪又高涨了起来，不再说没意思的话了。

　　所以，在教育孩子的问题上，我们不可以好高骛远。我们要让孩子切实地感受到当下所做某件事的意义。上述案例中的"家庭演奏会"，就是给孩子的很好的一次加油打气。"家庭演奏会"，让乐乐真切地感受到练习钢琴能带给她一定的成就感和满足感，同时也能增强她的自信心。

有很多父母容易犯的错误就是为孩子树立远大的目标之后，就不闻不问了，不痛不痒地告诉孩子自己去奋斗，去实现他们这个虚无缥缈的理想。但孩子毕竟还小，他做事很难有成人那种坚持的毅力，所以孩子在逐梦的过程中，渐渐会失去信心，久而久之，就会想要放弃，这十分不利于其成长。

对于孩子而言，父母的一言一行都会在他幼小的心灵中留下深刻的印象，对其成长产生重要的影响，特别是父母富于仪式感的肯定和激励，会让孩子自信倍增。然而很多父母并没有意识到这一点，一心只想着让他人看到孩子的闪光点，却忽略了自己所应扮演的角色。

最近，妈妈给瑶瑶报了画画班，学习水彩画。瑶瑶高兴极了。一直以来，她都很喜欢画画，在家里经常会把自己感兴趣的东西画下来。

在画画班学习了几节课后，瑶瑶就开始画成品画了。每节课回来，她都会送给妈妈一张自己的作品。每次妈妈看完画之后，总会说一句"画得真好"，然后顺手就把画压在桌子底下。可能妈妈并没有注意到这一做法有什么不妥的地方，但是瑶瑶心中却有些不是滋味。过了一段时间，瑶瑶画画回来后，就不再送给妈妈画了。起初妈妈也没有特别在意，后来才发现瑶瑶画画的兴趣不怎么高了，于是就问道："你最近怎么不给妈妈送画了？"

"反正妈妈也不喜欢，我自己收起来了。"

"妈妈怎么就不喜欢了？不是夸奖你了吗？"

"可是你全都压在了桌子底下，分明就是不喜欢嘛。所以我不想送了，也不想学了。"

看到孩子的情绪，妈妈意识到自己这种漫不经心的表现伤害到了孩子，影响了孩子对画画的学习兴趣。一天，她给瑶瑶所有的画都裱了画框，挂在墙上，做成了一面展览墙。瑶瑶回家看到之后，十分开心。之后，她画画更加自信、用心了，因为她希望自己的每一幅画都可以被妈妈挂在墙上。

我们身为父母，一定要明白仪式感对孩子成长的重要性，有仪式感的肯定能够增强孩子的自信心。我们内心自然是爱孩子的，但我们漫不经心的表现方式往往会让孩子感受到被冷落，内心被伤害。所以，我们决不能吝啬任何一个让孩子获得自信的仪式。或许在我们看来，小小的仪式无关紧要，但是对于孩子来说却有着不同寻常的意义，他所获得的能量也是不可估量的。我们若想让孩子成为一个自信满满的孩子，就要找准机会，为其精心准备一场仪式，让其获得仪式感的同时，也能强化对自己的认识，以便今后能更有信心地去做一件事情。

4. 仪式感，让孩子心中充满爱

仪式感在孩子的成长过程中非常重要，就好像安全感、存在感、幸福感那样不可或缺。它不仅可以帮助孩子获得自信的力量，让生活过得丰富多彩，同时也能让孩子感受到父母对他的爱，从而成为一个心中充满爱的孩子。

心中有爱的孩子不仅自己阳光快乐，还会温暖别人，受到他人的尊重与关爱。通常来说，人们更愿意和心中有爱的人相处，也愿意去温暖他们。

小旭是一个有先天疾病的孩子，长相比较特殊。他害怕别人异样的眼光，所以很少出门玩耍。尽管爸爸妈妈总是小心安慰，可他还是每天都感到不快乐。

转眼到了上小学的年龄，小旭更是终日担心不已。为了让他性格开朗一些、阳光一些，爸爸妈妈决定要给他一个特别的入学仪式。在小旭不知情的情况下，爸爸妈妈预定了饭店，还邀请了关系要好的亲朋好友前来捧场。

到了那天，爸爸妈妈带着小旭盛装出席，爸爸说："小旭是我们家的小太阳，他温暖可爱，希望今天是他人生的另外一个开始，迎接学习生活和全新的自己。"

　　小旭被爸爸妈妈感动得快要哭了，他的心中充满了爱，觉得自己是世界上最幸福的孩子。从那以后，他心中的胆怯少了很多，每当因为自己的长相而自卑时，就会想到爸爸那一场温暖的仪式，想到爸爸深情的告白，心里就暖洋洋的，也就不再自卑了。

　　上学后，小旭因为心中有爱，内心总是充满了乐观、开朗的情绪，同学们都愿意和他做朋友。就这样，得到友情的小旭就更加开朗了。

　　一场入学仪式隆重地表达了爸爸妈妈对小旭的爱，小旭也切切实实地感受到了，所以他整个人发生了很大的改变，这就是他从仪式感中获得的力量。所以，我们父母不能忽略每一次仪式带给孩子的改变，在需要的前提下，就应尽可能地给孩子安排，让他因此变得越来越好。

　　在小羽的家里，有一个不成文的规定：每个月末都要去乡下奶奶家吃饭。从她出生起，一直都是这样。

　　每个月末，小羽的爸爸妈妈就会带着她，买上一些好吃的，赶到乡下去。到时候，做饭的做饭，聊天的聊天，玩的玩，别提多热闹了。尤其是小羽和自己的堂兄妹们都感到特别开心。

　　其实，最开始的时候，小羽并不愿意回乡下，她觉得城市方便，回乡下还得开那么长时间的车，于是她就问爸爸："我们可以让奶奶来我们家住呀，为什么要每次都回去呢？"

"来跟去是不一样的，我们就是要有这个仪式感，每个月家人们都聚在一起，这样你们才能感受大家庭的温暖与爱护，更加懂得孝顺老人，做一个有爱的孩子。"

　　爸爸的话让小羽无以反驳，于是就接受了这种家庭仪式。慢慢地，这个大家庭让她有了很大的改变，越来越开朗，对同学富有爱心。每当跟同学们讲起自己的家，她总是有说不完的话题。大家都说："你说起家里的事情眼中都闪着光呢。"

　　不仅如此，小羽还是一个非常有爱心的孩子，每次看见老爷爷老奶奶有困难的时候，她总是第一个跑上去帮忙。她总说："我仿佛看见了自己的爷爷奶奶，只要我能帮的，一定尽力。"后来，班级活动中，小羽还得了一个"爱心小天使"的称号，别提多开心了。

孩子的心理成长需要富有仪式感的爱心教育。当我们将爱心的种子通过仪式的方式播撒在孩子的心中，爱心就会在其心中成长为参天大树。而如果我们只会说教，只会无关痛痒地跟孩子说"要有爱心，要关心他人"等空洞的话，效果往往是孩子"左耳朵进，右耳朵出"，对孩子起不到任何教育效果。所以，我们在生活中一定要注重为孩子营造仪式感，让孩子心中有爱，有正能量，不仅因为自己心中有爱而开心，同时也能为社会奉献更多的爱，使自己的人生更有意义。

5. 仪式感，孩子的安全堡垒

　　仪式感和安全感二者看上去似乎风马牛不相及，但实际上却存在着密不可分的联系——孩子能从仪式感中获得一定的安全感。在生活中，有些孩子往往会因为缺少陪伴、不受父母关注或者受到负面情绪严重影响而导致没有安全感。他们做事畏畏缩缩，胆小懦弱。这对其成长极为不利。如果父母能够通过仪式感的方式激励孩子，让孩子感受到父母给予他们的安全感，孩子的内心就会慢慢筑起一道"安全的堡垒"。

　　最近一段时间，老师发现小刚心神不定，总是一个人发呆。

不仅如此，原本开朗的他变得沉默寡言了，即使同学喊他玩，他也总是有些怯懦。于是老师找他谈心，可他就是吞吞吐吐，不肯说出自己内心的想法。没办法，老师只好告诉家长："小刚最近总是很胆小，好像没有什么安全感，请家长了解一下情况，帮帮孩子。"

老师刚说完，小刚的爸爸妈妈就明白怎么回事了，最近一段时间，他们的生意上出了一点儿问题，两个人的情绪都不是很好，经常吵架，甚至情绪激动时还会说到离婚。可吵归吵，他们根本没有想要离婚的意思。但孩子还小，可能因为这些事情而失去了安全感。如今，爸爸妈妈意识到了事情的严重性，决定要帮助孩子找回安全感。思来想去，小刚的爸爸妈妈决定在小刚的面前"秀一下恩爱"。

一天，小刚放学回家，妈妈做了一大桌子菜，爸爸回家时还买了鲜花，这让小刚感到非常诧异。可是他也不敢多问。吃饭的时候，爸爸对小刚说："你知道今天是什么日子吗？"

"不知道。"小刚怯生生地说，心想：他们不是离婚了吧？

"今天可是爸爸妈妈结婚九周年纪念日，所以我们要庆祝一下。"

"可是你们不是要离婚了吗？"

"哪有？爸爸妈妈永远都不会离婚的。我们永远是一个幸福的家庭。"爸爸很坚定地说。

一听这话，小刚立马开心了："真的吗？"

"当然了。"

从那以后，小刚再也没有恐惧感了，渐渐恢复了从前快乐的样子。

生活中，家长的情绪和行为，很容易影响到孩子。当孩子幼小的心灵受到父母言语和行为刺激之后，我们尽可能通过一次或几次仪式，去慢慢抚平孩子内心的创伤，让他从中感受到更多的爱和关注，让他有足够的安全感。这样孩子才能心无旁骛地去学习，快乐地成长。

有些父母不善言辞，认为爱不用非得说出来，只需默默付出即可。但这只是我们个人的想法，孩子是否也是这样想的就不得而知了。所以适当的时候，我们还是要用一定的仪式将对孩子的爱表达出来。这样才能让孩子心中更有底气，更有安全感。

妮妮是一个非常胆小的小姑娘，干什么都似乎有些畏首畏尾，即使在妈妈面前也总是怯生生的。一次，她去同学家玩，看见同学和妈妈亲亲抱抱，很是亲密的样子，心中非常羡慕。于是就偷偷告诉同学："你妈妈真好。"

"你妈妈不好吗？"

"我妈妈也很好，可是我长大了以后，她就不抱我了。"

后来，同学的妈妈知道了这件事，并且告诉了妮妮的妈妈。妈妈先是有些惊讶，然后又心生愧疚。惊讶的是，孩子竟然这般在乎这个拥抱，愧疚的是孩子的胆小内向，很可能就是因为安全感的缺乏。于是妈妈决定改变自己，哪怕自己会觉得有点难为情，也要给女儿一个拥抱。

第二天，爸爸要送妮妮出门上学的时候，妈妈走到妮妮跟前，蹲下来抱了抱她："宝贝，今天要好好学习哦。"妮妮既惊讶又高兴，满口答应了。

放学回来，妮妮开心地告诉妈妈："我今天上课可认真了，老师都表扬我了。"妈妈发现今天妮妮的话居然比往常多了一点儿。可能她的内心踏实了，就会变得开朗很多。从那以后，每天上学出门，妈妈都会给妮妮一个拥抱，希望这个仪式能让她更快乐。

其实孩子需要的仪式感并不是很难办到，有时只是一个简单的拥抱，这一细节中却充满了父母对孩子的重视与爱。只要能让孩子内心安定、快乐，我们又何乐而不为呢？我们都是爱孩子的，希望他们内心富足、安全，所以我们要不吝情感的表达，给孩子更好的仪式感，让他真切感受到父母的肯定与关爱，无忧无虑地成长。

6. 仪式感，孩子心中的归属感

说起归属感，可能很多父母不太了解，认为孩子本来就是家中的一员，怎么会没有归属感？可事实上，孩子的归属感是指他们能够在情感上信任父母，感恩父母，感受到被重视、被理解。然而我们很多人在养育孩子时，往往会忽略这一点，只是注重对孩子的物质保障，情感上的照顾相对较少，从而让孩子没有了归属感。

仪式感可以让孩子认识到父母对自己的重视，从而使归属感得以强化，这时，孩子无论在什么地方，哪种情况下，始终都会觉得我有家、有父母可以相信，从而会更有勇气面对突发的各种状况。

东东是家中的二宝，自从他出生后，爸爸妈妈就对他非常宠溺。现在他上小学了，感觉自己长大了，可爸爸妈妈还把他当小孩子看待，他心中非常苦恼。每次家里有什么事情，大家就会坐在一起商量，然后爸爸会随手递给东东一个小板凳，让他坐在一边听着。他觉得爸爸如此随意对待自己，感到很伤心，总感觉自己是多余的。不过慢慢地，东东也接受了这样的待遇。

一次，爸爸做生意赔钱了，正和妈妈、哥哥说着这件事情，一旁的东东想起来一件有趣的事情，就笑了起来。妈妈说："你这个孩子，爸爸赔钱了你还笑。"

"怎么了？关我什么事！"

"这个家跟你没关系吗？你怎么能这样说呢？"

"我觉得没啥关系，反正你们说什么是什么就对了，我就是个多余的。"

"你怎么能这么想呢？你怎么会是多余的。"

"我觉得是，你们什么也不让我听，不让我说，我就是多余的。"

听这一番话，爸爸妈妈有些无奈，一直以来，他们觉得已经对东东足够好了，可他竟然如此没有归属感。不过，从那天之后，妈妈专门在客厅一角布置了一个会议厅，特意安排了四个座位，然后把全家都叫到一起，说："从今天开始，东东就长大了，以后必须参加家庭会议，能不能做到？"听妈妈这样说，东东开心得一蹦三尺高："我也有发言权喽！"当然，从那以后，东东再也没说过自己多余的话。

作为父母，很多时候我们会认为孩子还小，没有必要像对待成人那样认真，这其实是一个错误的想法。孩子的内心比较敏感，更需要我们的理解、信任和尊重，如果我们做不到这些，可能会给孩子的心灵留下难以抚平的伤痕，影响其健康人格的形成。

向东是小区里出了名的顽皮孩子，撒谎骗人、到处捣乱，完全不听父母的话。每当与朋友谈起孩子的事情，向东的爸爸妈妈总是一脸无奈地说："我们拿这个孩子真是没有办法了，他小时候也不这样，不知道现在为什么会变成这个样子。"

向东之前确实不是这个样子。在之前，他是一个非常听话的孩子，可有一次爸爸冤枉了他。那天向东去同学家玩，一下午玩得很开心，可晚上同学的妈妈就打来了电话，很委婉地表示，她的项链不见了，让向东的爸爸妈妈帮忙问问向东看见没有。

爸爸挂掉电话后，非常生气，于是叫来向东审问。向东坚持说自己没有看见项链，可爸爸就是不相信。向东急得哇哇大哭。第二天，同学的妈妈又打来电话，说项链找到了，原来是掉在了床头柜的缝隙里。爸爸这才知道冤枉了向东，不过出于家长的威严，他并没有向孩子道歉，只当没有发生过这件事一样。

然而这件事对向东的伤害非常大，他觉得爸爸妈妈不信任自己。他的性格也发生了变化，他想：反正也没人相信自己，撒谎又有何妨。慢慢地，他就变成了现在的样子。

后来，老师找向东谈心，向东才说明了原因。后来，老师把事情的原委告诉了向东的爸爸，爸爸听后后悔万分，他从来都没有想过，自己的行为给孩子的心灵造成了那么大的创伤。于是，爸爸郑重地给向东道了歉。父子之间的信任这才慢慢重新建立起来。

所以，我们在面对孩子的时候，要始终站在他的立场上去看问题，他重视的东西，我们也要重视起来，通过庄重的仪式让孩子感受到我们对他的重视与尊重。这样他的内心才不会孤独，始终跟父母站在一起，并有强烈的归属感。

第二章

影响一生，孩子成长需要仪式感

仪式感对孩子的成长至关重要。孩子在仪式感的影响下，会获得积极的心理暗示。这有助于孩子养成良好的性情和品格。在仪式感的影响下，孩子还能够树立起正确的人生观和价值观，养成良好的生活态度，遇事会变得坚强勇敢。

1. 仪式感是一种心理暗示

心理学家认为，仪式感具有非常强烈的心理暗示作用，能够对人们的行为起到积极的促进作用。对孩子而言，仪式感所带来的心理暗示作用也非常明显。所以，作为家长，我们在教育孩子的时候，应该多用一些有仪式感的方式。一位心理学家曾说过：在小小的仪式中，其实就是一种强烈的心理暗示，这会让自己的注意力更集中、更认真、更用心。当通过仪式感所带来的积极心理暗示到达孩子的内心深处时，他会不断地暗示自己按照积极向上的方式去做事情，从而让自己变得越来越好。

海涛是一名三年级的小学生，他的家庭经济条件不好，一家人挤在一间不到五十平方米的小房子里。这与班上其他同学的家庭条件相比，简直是天壤之别。然而海涛从来没有抱怨过和自卑，每天微笑面对每一个人，格外开朗。

海涛之所以能保持这样乐观的心态，这与父母平时在生活中给予他的仪式感是分不开的。在海涛家，爸爸和妈妈的关系是和睦的，他们的性格非常开朗。自海涛记事儿起，他们家每天就有一个"微笑仪式"。他们家门口的墙上有一面镜子，爸爸妈妈彼此约定好，不管谁出门，都要对着镜子微笑，告诉自己今天是快乐的一天，晚上回来，也要在镜子跟前微笑，不把坏情绪带回家。

慢慢地，这个小小的"仪式"深深地影响了海涛，让他明白要以一个积极乐观的心态面对生活。每当海涛在生活或是学习中遇到问题，他总会微微一笑，坏情绪瞬间就消失了。有时候同学们还很奇怪，海涛明明上一秒还生气难过，下一秒就眉开眼笑了。海涛说，这就是微笑的力量。

每天微笑的仪式感已经深深地融入海涛的内心，在这种心理暗示下，他已经拥有了强大的自我调节能力。一旦有坏情绪，他会试着自我消化，自我调整，找到自己最佳的状态。显然这种积极正能量的心理暗示，对孩子的成长是极为有益的。

当孩子走上社会，独立面对各种问题时，难免会因为这样或那样的原因产生负面情绪，如果孩子深陷在这种负面情绪中，会对孩子的成长产生一定的负面影响。如果父母通过仪式感的方式给予孩子良好的心理暗示，那么他就会获得较强的自我调节能力，在日后的生活和工作当中不管遇到什么都能泰然处之。所以，作为家长，我们要让孩子保持良好的仪式感，让他从中获得更多的正能量，从而让自己变得更好。

天色渐渐晚了，琳琳一直盯着家里的钟表看着，时不时地就问："妈妈，爸爸什么时候回来呀？"

"你是想爸爸了还是想爸爸买回的美食？"

琳琳不好意思地笑了。

琳琳爸爸的公司附近有一条热闹非凡的小吃街，是爸爸下班的必经之路。每天下班回家，他总要给琳琳和妈妈买上一些吃的，从未间断过。在琳琳看来，这已经成了自己家的仪式。

一次，琳琳问："爸爸，你怎么每天都会给我和妈妈带好吃的呢？"

"因为爸爸爱你们呀，所以总想给你们买吃的，让你们开心。"

"我们的确很开心。"琳琳笑着说道。被父亲的爱包围着，她觉得自己是最幸福的孩子。

在爸爸给的仪式感中，琳琳获得了爱，她自己也成了一个有爱的孩子，懂得去爱别人。周末去爷爷家，琳琳特意给爷爷奶奶准备了自己的礼物。这让爷爷奶奶非常高兴："你怎么还想着自己给爷爷奶奶带礼物呢？"

"因为我爱爷爷奶奶呀，所以要给你们带礼物。"

"琳琳真是一个孝顺有爱的孩子。"

其实，有时候我们对孩子的教育，不能只是一味地说教。当我们的家庭仪式感对孩子形成心理暗示后，他自然而然地就懂得如何去做。那些蕴含在仪式感中的正能量会发挥精神向导的作用，帮助孩子健康快乐成长，并成为他受益一生的财富。

2. 仪式感是一种自我激励

仪式感对孩子自我激励意识的培养发挥着重要的作用。通过有仪式感的方式对孩子进行激励，能将这种体验深植于孩子的潜意识当中，内化成为一种自我激励，当孩子做事和学习的时候，这种自我激励会促使他拿出最好的心态去争取最好的结果。因为富有仪式感的激励曾给予他最美好的感受，让他渴望再次体验，于是他就更有勇气和力量去面对之后的难题，从而让现在变得比过去更好。

小明的学习成绩一直不太好，每次考试成绩都很不理想。所以对于学习，他一直没有太多的想法。然而一次期中考试却让他有了很大的转变。

那一次期中考试，小明数学超水平发挥，考了95分，这可比平时高了好多，这让他感到非常开心。为了鼓励小明继续努力，爸爸妈妈特意带着他去饭店吃了一顿饭，还让他挑自己喜欢的礼物，小明过了极其开心的一天。他第一次感觉到，考一个满意的成绩居然让人这样心情愉悦。

后来，小明学习刻苦了很多，因为他知道只要努力自己也是可以考好的。每当遇到难题，想要放弃的时候，他会默默地鼓励自己：我曾经也考好过，并且得到了爸爸妈妈的奖励。于是就能耐下心来继续学习。

小明的学习慢慢有了起色，且进步越来越大，甚至逆袭成了班级前几名的学生。爸爸妈妈也因此都感到非常高兴。他们经常跟小明开玩笑说："看来，我们以后得多请你吃饭才行啊！"

通过有仪式感的方式对孩子进行自我激励意识培养，我们需要把握好一个度，既不能太过，又不能不及。相比于成人，孩子还缺乏恒久的坚持力，所以需要我们不间断地给予他肯定和鼓励，否则孩子的自我激励意识就会渐渐衰退，失去坚持下去的信心和勇气。

上了小学以后，妈妈对亮亮的字抓得比较严，一直在督促他写一手漂亮的字。起初，亮亮还感到特别新鲜，信心满满地练着。可渐渐地，他的兴趣就越来越弱了。看到他对写字满不在乎的样子，妈妈就有些不高兴了，责备亮亮说："让你写个字怎么这么难，把你打游戏的兴奋劲儿用在这上面，你早就练好了。"

"那能一样吗？"

"怎么就不一样了？"

"打游戏可以晋级，还有奖励呢，每过一关，系统会给放烟花，可漂亮了。我现在已经钻石级别了。"

"说起游戏你倒是蛮有兴致的。"妈妈一边这样说着，一边想到了一个激励亮亮的好方法。她在手机上下载了一个评分软件，只要把孩子的字扫描进去，系统就会自动给出分数。妈妈答应亮亮，只要他的分数上一个十分的台阶，就会为他庆祝一番。有了仪式感以后，亮亮练字的信心就大多了，每当自己不想练习的时候，他就会默默地在心中鼓励自己："马上就是下一个十分了。加油！"就这样，亮亮练字的分数越来越高，字也越来越漂亮了。

到了后来，每当写字的时候，亮亮都会下意识地要求自己好好写，即使没有妈妈的激励，他也能把字写得工工整整的，妈妈富有仪式感的激励已经变成了亮亮心中的自我激励。

所以，在教育孩子方面，我们要不断地寻求最佳的激励方法，寻找恰当的时机给孩子营造仪式感，这样更有利于激发孩子的上进心，在他内心建立起一种自我激励的学习模式，就好像大力水手吃了菠菜一样，浑身充满力量。

孩子是单纯的，他们所渴求的仪式感或许并不是一场宴会，而是一个很小的形式，甚至只是生活中的细枝末节，例如一个拥抱、一个"大拇哥"、一句正式的夸奖。因此，作为父母，我们要明白孩子需要的是什么，然后再有针对性地去安排这个仪式，不然只会适得其反。

3. 仪式感是一种独家记忆

不同的人、不同的家庭给予孩子的仪式感是不同的。这种仪式感无论形式怎样，始终代表着家的味道和父母的关爱，是孩子成长过程中的一份独特记忆。它深深地印在孩子的心中，每当说起家或者父母，就会立即浮上心头，让孩子内心感到温暖而踏实。

上小学的时候，小丽家很困难。每当下午放学，她看见同学们拿着钱奔向村里的小卖部，心里别提多羡慕了。当然，她知道这是不可能的事情，因为妈妈没有多余的钱给她当零花钱。

　　妈妈每天下班很晚，基本上天黑了才能回来，所以不能及时给小丽做晚饭。因为怕孩子饿，妈妈总会在锅里放一个烤地瓜。至于什么时候放的，小丽始终都不知道。她只知道放学回家的第一件事，就是掀开锅盖去吃烤地瓜。每当这时，她总会变得开心起来，忘记刚刚羡慕别人而自己没有零食的烦恼了。她知道妈妈每天都非常惦记自己。

后来上了中学，因为离家远，小丽过起了在学校住宿的生活。这个时候，妈妈已经可以给小丽零花钱了，基本上实现了零食自由。可奇怪的是，那锅里的烤地瓜始终萦绕在她的心头。她饿的时候，会想吃烤地瓜；她孤独的时候，也会想烤地瓜……这时的烤地瓜，已经远远不再是一种食物，而是妈妈给小丽营造的仪式感，是小丽的独家记忆。它包含着妈妈沉甸甸的爱。

每当跟同学谈起小学生活，小丽总会讲讲烤地瓜的事情。因为这件事情对她来说意义非凡，每次说起，她的心中就会有一股暖流，有一股想要自己变得更好的冲动。不仅如此，她还觉得这件事情会永远萦绕在自己的心头，会在高中谈起，在大学谈起，在未来的人生中谈起。

父母在生活中给予孩子的仪式感会给孩子留下独一无二的印象，然后可能会贯穿他的整个人生，成为他永久难忘的独家记忆。仪式感不是只注重形式，追求一些华而不实的东西。家长偶尔给孩子制造一些惊喜和仪式感，是对孩子最好的"富养"。如果孩子因为家长所给予的仪式而获得勇气和爱人的本领，那就表明我们的教育是成功的。

一次班级活动课上，老师给大家出了一个关于家庭与成长的题目《家的印象》，让同学们各自说一说自己家和父母会给自己什么样的小感动。看到这个题目，同学们都很开心，因为父母对孩子的爱有说不完的话题。

有的同学说，每当自己生病，妈妈总会给买罐头吃，每次都是她一吃罐头，立马感觉自己病好了；有的同学说，每当自己去上学，妈妈总会送他上校车，直到校车消失不见才会回去；有的同学说，每年过生日，爸爸妈妈都会精心筹划生日会，让他开心地度过这有意义的一天；有的同学说，每天早上妈妈都会帮他挤好牙膏，放在牙杯上……

轮到凡凡说了，他冥思苦想了半天，也没有想到什么深刻的家的印象。同学们说的这些，在他的家从来都没有发生过。这让凡凡格外懊恼。回到家之后，他把这件事情告诉了妈妈，他说："我一直觉得家就是吃饭、睡觉的地方，可是我不知道原来同学们的家那么有趣，那么有爱。他们对于家和父母都有着独有的记忆。"

凡凡的话让妈妈颇有感触。一直以来，她和凡凡的爸爸都是那种大大咧咧的人，他们不注重生活细节，也从来不注重仪式感，所以日子平淡如水，也忽略了孩子的感受。为了弥补孩子的缺憾，凡凡的爸爸妈妈表示要把日子过得有仪式感一些，让家变得更加温馨，一定要给孩子留下一份独特而美好的记忆。

所以，我们在教育孩子的过程中，要尽可能地关注孩子内心的需求，抚慰他幼小的心灵，用一些富于仪式感的教育方式来与孩子沟通，与孩子相处，给孩子心中留下温暖的回忆，潜移默化地影响和教育他，让这种仪式感在孩子成长的道路上给他温暖和力量，让他心怀感恩，勇敢前行。

4. 仪式感是一种人生理念

对于孩子的教育，绝不仅仅是简单地认真学习，吃饱穿暖。除了这些，我们还要教孩子树立崇高的人生理念，追求更有意义的生活。那么，如何让孩子树立自己的人生理念呢？行之有效的方法就是用生活中的仪式感去感染和影响他。

从楠楠记事开始，她印象中的妈妈就非常喜欢读书。妈妈是一个百货公司的职员，白天做销售，一站就是一整天。晚上回家，做完所有的事情之后，妈妈就会泡上一杯茶，然后拿一本书在书桌跟前坐下，静静地品读起来，而且常常会忘了时间。

看到妈妈如此喜欢读书，楠楠就问妈妈："您一天上班那么辛苦，怎么还想着要读书呢？"

"妈妈喜欢读书，觉得读书能够陶冶人的情操。"

"可是你已经很累了呀！"

"读书是一种享受，再配上一杯茶，比什么都好。"

在妈妈的影响下，楠楠也喜欢上了读书，每天只要有空闲时间，她就会学着妈妈的样子读一会儿书，并成为每天雷打不动的事情。她说："妈妈，现在读书已经成了我每天必须要干的事情，我反而觉得一到读书时间就特别踏实，好像什么都不用去想了。"

"人这一辈子啊，总该有那么一件事让我们内心感到舒适，忘掉其他的一切。妈妈的人生理念就是不管生活多么忙碌，也要让自己的内心丰富起来，生活过得更有仪式感一些。"

"哦，我不懂你说的人生理念，不过我确实很喜欢每天读书带来的仪式感。"

妈妈看着她默默地笑了。

妈妈每天泡一杯茶，然后静静地读一会儿书，这种颇有仪式感的生活方式深深地影响了楠楠，在她幼小的心灵当中留下了难以忘却的记忆，很多年后，楠楠时常想起自己与妈妈一起读书的时光，那种柔和灯光下的书香气息让楠楠永生难忘。

楠楠妈妈营造的这种仪式感在楠楠很小的时候就开始生根发芽。楠楠后来爱上看书，和这种仪式感有着很大的关系。我们希望自己的孩子生活得多姿多彩、有滋有味，就应该培养他的仪式感及其带给孩子的生活品位，这样还可以让他的性格变得更加积极、阳光，进而提升他的人生境界。相反，如果我们始终不重视仪式感的培养，生活得很随意，那么可能我们的孩子也会生活得很随意，在性格中也会产生很多消极的成分。

兰兰的爸爸妈妈都是很随意的人，他们最大的特点就是随心所欲，想吃什么就会去吃，想玩什么就会去玩。他们认为日子总是在不断的重复中度过的，所以只要循规蹈矩去生活，没有必要用某种形式去记录，没有必要给某一天赋予特殊的含义，只要每一天开心就好。所以从兰兰出生开始，爸爸妈妈就没有给她举行过什么生日庆典，其他的仪式就更没有了。所以兰兰是个非常缺乏仪式感的人，整天懒懒散散，缺乏积极性。

上学以后，兰兰班上有一位同学家庭困难，每次订什么资料，他都没钱买，所以同学们打算把平时的零用钱捐一些给他。为了激发孩子们的爱心，老师决定搞一个募捐仪式。大家为此都很兴奋，只有兰兰一副消极的样子："真不知道老师为什么要搞这么没用的仪式，捐钱直接捐不就行了？"

另外，有同学举办生日宴会、朋友聚会时，兰兰也总是很不屑，她觉得这只是形式主义，没有任何意义，所以不愿参加。

因为兰兰缺乏仪式感，同学们觉得她是个很无趣的人，所有任何活动都不叫上她，这让她感到格外孤独，在班里更是沉默寡言，慢慢地养成了孤僻的性格。

孩子是父母的影子。父母是什么样的人，孩子也会成为什么样的人。因此，作为父母，我们一定要身体力行，尽量用各种有意义的仪式来帮助孩子树立良好的生活理念，培养良好的生活习惯。

5. 仪式感是一种生活态度

当今的社会生活，节奏在不断地加快，有些父母对孩子也采用了"快餐式"的教育。他们只关注孩子的学习成绩，而对孩子内心的成长却很少关心。他们每天都忙于自己的事情，却很少能够静下心来陪孩子一起享受生活的美好。而我们错失的这美好，会影响孩子日后对待生活的态度。

孩子还小，不应该步履匆匆，只为赶路，错过人生美好的景致。所以，我们应该让他放慢成长的脚步，学会观察生活，体验生活，感受生活的美好。我们要告诉他们应该用什么样的态度来对待我们的生活，让孩子在各种仪式中感受生活的美好。

小刚的妈妈是一个心灵手巧的人，经常会动手做一些小手工。

爸爸总是说："孩子想要玩具，咱们买一个就可以了，何必要浪费那么多的时间和精力呢？"

可妈妈却非常不认同爸爸的这种观点，她总是反驳说："这你就不懂了吧？我要的是做手工的快乐过程，和做成以后的满足感，那是买东西永远都体会不到的。"

每当小刚学习累了，妈妈就会在餐厅的桌子上铺上一块布，然后对小刚说："来吧，咱们做个手工，休息一下吧。"小刚总是很开心地答应下来。等做完手工之后，小刚再继续学习。然而就是这短短的几分钟、十几分钟，小刚却感到了无限的快乐。妈妈的这种仪式给了他很大的生活调剂，让学习也变得不再那么枯燥。

在之后的日子里，小刚每每学习累了，他的眼前总会浮现出妈妈铺上桌布，准备做手工的情景，这让他觉得生活中还有很多有趣的事情可以去做，只要懂得调剂，就不会那么苦。因此，每当学习累了的时候，小刚或者唱唱歌儿，或者画一会儿画，让学习生活变得轻松有趣。

　　小刚的这种学习方式让同学们非常羡慕，他们总会说："看看班里的同学，就数你学得最轻松了。"

　　小刚回答说："我妈妈说，生活过得轻松不轻松，关键是要看我们自己的生活态度。如果我们整天只盯着作业，那自然枯燥乏味，当你学会用其他事情来调剂时，学习也就没那么辛苦了。"

　　在这个世界上，每个人的生活都不尽相同，但是我们每个人都能让自己生活得很快乐。这种快乐不受金钱、权力、地位的影响，而是由生活态度所决定。同样，在学习和生活上，如果想让孩子在枯燥的学习中找到乐趣，那么作为家长，我们在教育孩子时，应尽可能地通过一些仪式进行调剂，这样孩子才会对未来的学习和生活存有美好期待。

　　过去，星星非常不喜欢自己的家，因为别人家什么都有，吃穿不愁，可是自己的家却总是过得捉襟见肘，吃最便宜的菜，穿亲戚给的旧衣服。有一次，她梦见自己去了一个非常富有的家庭，房子很大，食物很美，可爸爸妈妈变了，整个房子庄严肃静，丝毫温馨的感觉也没有。这时候，星星一下子就惊醒过来，睁开眼睛，环顾四周，当她看见窗台摆放的鲜花时，才安下心来。

星星的家中到处都是鲜花，这些鲜花都是妈妈亲手从田野里采来的。妈妈爱花，不管工作多苦多累，她都会抽空侍弄一下自己的花花草草。妈妈经常对星星说："我种的不是花草，而是一种生活态度。"当时星星还小，她并不明白妈妈的意思，只是觉得花很漂亮，很温馨，于是也学着妈妈侍弄花草。

星星慢慢长大了，开始慢慢懂了妈妈，也越来越喜欢自己的家。日子虽然还是跟过去一样清苦，可星星也跟爸爸妈妈一样，开朗、乐观，总是能看到生活美好幸福的一面。

现在，不用妈妈督促，星星已经把侍弄花草当成了一种习惯，并且把这件事情看成是一种享受。当她心情不好，当她学习累了，她都会看看花，给花浇浇水，然后觉得生活应该像花一样美好。这时，她就会莫名地感到放松，觉得未来的自己也会像妈妈一样爱花，无论田间地头，还是花圃园地，每当她看到美丽的花朵，总能想到生活是美好的。

其实，侍弄花草只是一种手段，是妈妈为星星营造的一个仪式，妈妈真正教给星星的是一种积极向上、热爱生活的态度。在这种生活态度的熏陶下，星星快乐成长，感受着这一仪式给她带来的温暖和幸福。

所以，孩子的生活是需要仪式感的，这影响着他的生活态度。生活中的仪式感，代表了我们努力生活的态度，不将就、不妥协、负责任、讲品质。孩子会从我们给予的仪式感中领悟到生活的真谛，保持积极向上的生活态度，更好地体味生活中的乐趣，而不是简单地活着。

6. 仪式感是一种价值传承

通过家庭教育，让孩子将家庭的优良传统和价值观不断传承，是我们精神和文化代代相传、绵延数千年而不断绝的重要因素。而这些价值观的传承都蕴含在我们生活的许多仪式中。这种价值的传承在我们的传统节日中体现得尤为明显，如春节贴春联、元宵佳节吃汤圆、中秋团圆吃月饼、重阳节敬老等，这些仪式已经不仅仅是一种精神文化，更是价值的传承，是人们对美好生活的向往。

正月十五那天，元元跑出去跟同学玩了大半天，快到晚饭时间才回来。她进门就喊："妈妈，我饿了，快些做饭吧，我想吃米饭。"妈妈只顾在厨房忙碌着，没听到元元说话。

过了一会儿，妈妈喊元元吃饭。元元走到餐桌跟前一看，就有些不高兴了，因为妈妈根本没有准备她爱吃的米饭，而是煮了汤圆。她嘟着嘴说："我不是说想吃米饭了吗？为什么要吃汤圆？"

"那你知道今天是什么日子吗？"

"正月十五啊！"

"元宵节当然要吃汤圆了。"

"没有谁规定非得吃汤圆，吃米饭也可以啊。"

"也不是说谁规定了不能吃米饭，而是在元宵节这一天，我们中国人都要吃汤圆，这是我们多少代人传承下来的文化传统。作为中华儿女，我们要传承这种文化，妈妈负责把这种传统传承给你，而你要把这个传统告诉你的孩子，让咱们优秀的传统文化能够一直流传下去。当然，如果你一定要吃米饭，妈妈现在就给你做去。"

"不用了，妈妈，我今天就吃汤圆吧，一年就过一次元宵节，我一定要好好感受一下我们祖国的文化传统。"

元元的话让妈妈感到很欣慰，认为元元比之前更懂事了。而元元心中也很兴奋，她觉得自己今天不单纯是在吃饭，而是在感受祖国的文化和传统，而且她以后要将这一传统告诉她自己的孩子，让祖国的传统文化一直传承下去。想到这里，元元将一颗汤圆塞进了自己嘴里，然后满嘴的甜香让她幸福地大快朵颐起来。

传统文化是我们中华民族悠久的历史文化的一个组成部分。一个仪式感十足的元宵节，既让孩子感受到了传统节日所蕴含的深刻意义，也得到了一次传统文化的洗礼。这种包含文化价值的仪式感，作为父母，我们要对孩子言传身教，要做孩子的榜样，注重对孩子仪式感的培养，以此来传承我们的文化。

重阳节的前一天，可可非常兴奋，他知道重阳节是敬老节，自己又能回乡下去看望爷爷奶奶了。躺在床上的时候，他反复想着第二天要穿什么衣服，要带什么东西，甚至到了爷爷奶奶家的情景他都想到了。

可是，第二天起床，高高兴兴的他却得到了爸爸一个无情的回答："工作很忙，走不开，今年就不回去了。"这虽并不是一件大事，但对于可可来说，无异于晴天霹雳，他大声地哭喊着："今天是重阳节，我要回乡下去。"

"去爷爷奶奶家哪天都行，没必要非得今天。"

"那能一样吗？老师说重阳节要敬老，这是仪式，你不回去就没有仪式感了呀。"

在孩子的再三央求下，爸爸最终还是答应了他的请求，带他回一趟乡下。然而当他们的车子走到村口时，爸爸看见那翘首瞭望的老两口，顿时觉得可可的想法是对的。

之后，可可和爸爸、爷爷、奶奶一家人热热闹闹地吃了一顿饭，大家都很开心。在返程的路上，爸爸告诉可可："这次回乡下，爸爸觉得很幸福，爷爷奶奶身体健康，我就知足了。"

过了一会儿，爸爸又说："你追求仪式感是对的，爸爸不应该忽略你的感受，你是个孝顺的孩子，你比爸爸更懂生活。"

可可笑了，他觉得有仪式感真好。

很多节日都有其特定的文化内涵和情感记忆。比如，重阳节敬老，这不仅仅是一种外在形式，还有着丰富的内涵。传统节日所蕴含的文化魅力和深厚的历史积淀需要代代相传，只有让孩子去体验，形成记忆，传统节日的文化情怀才能驻进他的心灵，传统文化也才能充实在他的心里。生活需要仪式感，文化需要传承，在这些最能体现仪式感的日子，给孩子留下一段幸福的回忆，我们何乐而不为呢？

第三章

爱的守护，仪式感是给孩子最好的礼物

　　将仪式感代入生活，用庄重而认真的态度去面对生活中看似无趣的事情，我们会发现，生活中处处充满乐趣。对孩子而言，仪式感满足了他对生活的积极期待。为孩子营造家庭仪式感，让他感受到家庭的温馨，感受到家人的在意与疼爱，保持对生活的憧憬与向往，并将美好铭记于心。

1. 仪式感让童年更幸福

美国亚特兰大日报社曾做过这样一个调查，发现在家里"gathering stories and memories"（收集故事和回忆）所带来的幸福感远胜于物质的满足甚至学业事业上的成就。尤其是家庭传统，它给所有家庭成员留下的回忆和带来的幸福感是源源不断的，不会因生活的变化而改变。从小培养孩子的仪式感，让他学会去热爱生活，去敬畏生命，是对他自己的尊重，对生活的尊重，生活自然会回馈他美好。童年幸福的人，一生都在被童年治愈；童年不幸的人，一生都在治愈童年。作为父母，如果想让孩子拥有一个幸福的童年，一定要懂得为孩子营造各种有仪式感的活动。

小颖是一个幸福的小女孩儿，爸爸妈妈像宠小公主一样宠着她。他们经常说："你是上天赐给我们最好的礼物，爸爸妈妈会给你一个幸福的童年。"因为被爱包围着，小颖总是格外开心。

每年生日，爸爸妈妈都会给小颖准备不一样的惊喜，让她的生日过得别出心裁。小学一年级生日那天早上，爸爸说要带小颖去买好吃的。于是小颖就跟爸爸出了门，而妈妈则留在家里偷偷地帮小颖布置生日派对现场。这一次，妈妈邀请了好几个小颖幼儿园时的小伙伴，因为她常听小颖念叨非常想念她们。

逛街回来之后，小颖一开门就看见了过去的小伙伴们，高兴得又蹦又跳，拉着她们有说不完的话。午饭过后，爸爸宣布要给孩子们开一个派对，听到这个消息，孩子们又是一阵欢呼。

客厅墙上挂着一块红布，小颖和小朋友们都很好奇。在妈妈的招呼下，小颖兴奋地来到她旁边，妈妈手一拉绳子，那块红布就掉了下来，墙上各种美丽的装饰立刻映入孩子们的眼帘。大家都兴奋地欢呼起来，尤其是小颖，她没想到妈妈会给自己准备这样的惊喜，更是开心不已。小朋友都很羡慕小颖的生日过得这么有意义。

晚上，玩累了的小颖很快进入了甜蜜的梦乡，睡着了脸上还洋溢着笑容。后来在一次作文中，小颖再次提起生日这一天，她说："这一天是我最难忘的一天，我感觉自己是这个世界上最幸福的小孩。谢谢爸爸妈妈给了我一个美好的童年。"

看到女儿的作文以后，爸爸妈妈也颇有感触，他们觉得这次生日的仪式感已经深深地印在了小颖的心中，成为她过往生活美好的一笔，成为孩子永远的美好记忆。

富有仪式感的孩子内心是幸福的，他们能够从这些仪式中感受到快乐和温暖。而缺乏仪式感的孩子幸福感相对较低，因为他们无法从平淡的生活中感受父母的重视与关爱。当自己取得成绩时，父母不会郑重其事地给予认可和鼓励；当自己渴望一件东西时，父母也只是很随意地买给自己。在这个时候，孩子可能会认为，努力和期望是一件无关紧要的事情，父母所给予自己的东西，也并不是他们用心去做的。于是，孩子可能渐渐会失去对父母的期待，甚至失去对以后生活的期待，变成一个没有追求的人。

小乐的妈妈是一个要求非常严格的人，尤其是对小乐的成绩，几乎要求完美。小乐考80分的时候，她会要求她再努力考90分。小乐努力考了90分，她会要求她考100分。在小乐眼中，想让妈妈满意真的好难啊！

其实，小乐的努力妈妈是看在眼里的，她也经常会跟自己的朋友说："我女儿这次考试又进步了一点儿。"可是在小乐面前，她却从来没有说过这样的话，因为她想让小乐做到更好。

为了让妈妈满意，小乐拼命地学习，上课认真听讲，课后好好复习，就连周末也几乎没有休息过。在一次期末考试中，小乐终于考了 100 分。她知道，为了得到这个分数，自己平时付出了多少。拿到卷子的那一刻，她非常激动，心想：我把这张卷子拿到妈妈面前，她一定会大吃一惊的，然后一定会好好地夸奖我一番。然而结果却让她大失所望。当小乐把卷子放在妈妈的面前时，妈妈只看了一眼分数，然后很平静地说："这次考得不错！"接着，妈妈就转身离开，到厨房做饭了，只留下失落的小乐站在那里。

新学期开学，爸爸妈妈明显感觉小乐对学习不像之前那样积极和努力了。妈妈着急地问她是不是出了什么问题，小乐却闭口不谈。后来，老师与小乐谈心，小乐才说出了实情："我学得很努力了，可妈妈还是不满意，我可能永远达不到她的要求。"

妈妈知道后，才知道小乐学习积极性下降的原因在于自己。她没想到自己的态度让孩子小小年纪有了如此重的心理负担。于是妈妈主动给小乐道歉，小乐说："我只是想让妈妈用心地夸奖我一次，可是一次也没有。我感觉自己真的不幸福。"听了她的话，妈妈深感内疚，决定以后要多给孩子肯定，让小乐感受到自己对她的认可，让她感到自己被重视。

事实上，没有父母是不爱孩子的，只是每一个人表达爱意的方式不同而已。仪式感对孩子来说非常重要，用富于仪式感的形式表达对孩子的肯定，对孩子的成长是十分有利的。所以我们即使不善言辞，但为了孩子也要努力营造家庭的仪式感，让孩子拥有一个幸福的童年。

2. 童年时的仪式感将一生相随

父母是孩子的第一任老师，童年时期的孩子就好像一张白纸，我们在上面书写什么，他们就会记录什么，如果我们书写得非常精彩，那么孩子们的世界就是绚丽多彩的。如果我们书写得平淡乏味，那么孩子们的世界就是暗淡无光的。这些很可能会成为孩子一生的生活基调，伴随他们一生。而给予孩子富有仪式感的生活，是让孩子童年绚丽多彩的最好方法。孩子通过童年时的仪式感所获得的知识和感悟，将伴随他一生的成长。

小玉性格温柔善良，与每个人相处都十分融洽。认识她的人都夸赞小玉是个温柔懂事的好姑娘。小玉之所以能养成如此好的性格，离不开妈妈从小对她的影响和教导。

小玉小时候，妈妈经常带着她坐公交车出去玩。每次上车，大家都会你推我搡，争抢着上。可妈妈不同，她总是会礼让别人，等别人上完了，自己再上，如果太挤上不去，就选择等下一趟车。

　　有一次，公交车时间延误，等车进站了，等了很长时间的乘客蜂拥而上。原本小玉和妈妈站在前边，完全可以先上车，可妈妈却拉着小玉向后退了一步，说道："先让大家上吧。"小玉对妈妈的做法很不理解，抱怨地说："我们排在前面，为什么不先上去啊？"可是妈妈却说："先上后上能有什么区别呢？无非就是坐与站的区别，不要紧的。"

诸如这样的事情还有很多，妈妈每次都把方便让给他人。后来小玉渐渐长大了，当初对妈妈的不理解也渐渐变成了理解。她觉得妈妈给了她最好的教育，那就是礼让。

长大后，小玉总是会主动地礼让别人，这让她格外安心。有时候，即使没有礼让的必要，但是她还是那样做了，因为那是她刻在骨子里的仪式感驱使她去做的，而这种仪式感又来自她童年不可磨灭的记忆。

由此可见，我们父母的一个行为习惯也可能会成为孩子心中的仪式，并形成一种仪式感根植于孩子内心深处，影响其以后的思想和行为。因此，作为家长，我们在生活中一定要身体力行，给孩子做好榜样，这样留给孩子的仪式感才是积极向上的。如果我们只是要求孩子优秀，但是自己却不约束自己的行为，则很难达到教育的效果。

有人说，幸福的人一生都在被童年治愈，而不幸的人一生都在治愈童年。孩子如果小时候没有得到父母的正确关爱，长大后将极度缺乏安全感。其实，孩子的成长受原生家庭的影响很大。如果孩子的童年缺乏仪式感、幸福感，之后想要再弥补可能就困难重重了。仪式感一片空白的童年，影响的不只是孩子的童年，更是他的一生。

小旭小时候，妈妈对她的教育方式可谓是独一无二。妈妈认为"天将降大任于是人也，必先苦其心志，劳其筋骨，饿其体肤，空乏其身……"，所以在平常，妈妈收敛起了所有的慈母心肠，对小旭严加管教。不管什么时候，小旭面对的都是母亲冷漠的话语和不苟言笑的脸，从来没有被夸奖过一次，更没有经历过拥抱、亲吻等仪式。她仿佛天生就与这些东西无缘，以致她一度以为自己并不是妈妈的亲生孩子。

后来，小旭长大了，果然成了妈妈眼中的人才。表面看上去，小旭风光无限，但她内心却极度缺乏安全感。妈妈经常得意地说："孩子，这么多年的努力没有白费，咱们总算是出人头地了。"但是小旭却怎么也高兴不起来。每每想到自己的童年，她的心就好像针扎一样疼，时常泪流满面。她想，如果能用现在的成就换取幸福的童年，她一定毫不犹豫。然而人生没有重新来过的机会，缺乏仪式感的童年注定成为她一生的缺憾。

童年时培养的仪式感，将伴随孩子一生。那些幸福的、感动的、温馨的仪式会让孩子的内心感到温暖，即便时过境迁，孩子依然会记忆犹新。而缺乏仪式感滋养的孩子内心是荒芜、凄凉、恐惧和不安的。因此，作为父母，我们要用爱去守护孩子，要让他觉得生活中还是有很多美好的事情值得回忆的。

3. 仪式感里是妈妈的关爱

在孩子的成长过程中，妈妈始终是不可替代的重要角色。人们常说，妈妈的修养决定了一个家的温度，这是有一定道理的。孩子能否成为对社会有益的人，能否身心健康，很大程度上取决于妈妈的教育。因此，我们想让孩子变得优秀、快乐，妈妈就要尽可能地给孩子营造仪式感，让他更好地去感受关爱，丰盈他的内心。

小妮的妈妈是一个温柔的人。尽管她的话很少，但她对小妮的爱却很多。

一次，妈妈带小妮去逛商场。她们从商场门口出来的时候，外面正下着雨。在下雨的天气里，出租车是很难打的。母女二人只好站在商场的门口，想等雨小一些再走。后来，一位好心人送给他们一把雨伞，母女二人这才离开商场。回到家后，因为鞋子浸水，小妮的脚变得皱皱巴巴，妈妈自责不已。从那以后，妈妈买了一个超级大的雨衣，足够装她和小妮，这样，每当下雨天，妈妈都会穿着这件雨衣来接小妮。

妈妈习惯把小妮背在自己的背上，然后用雨衣将她严严地包裹着，这样她就不会再淋雨了。上小学的前几年，每当下雨的时候妈妈都会这样做，好像已经形成了一个固定的仪式。只要下雨，小妮就能看到妈妈穿着雨鞋，披着雨衣，站在外面等着她，于是心里就格外温暖，她知道这是妈妈最伟大的爱。

后来，小妮长大了，妈妈背不动她了，于是每当下雨时，妈妈会骑着电动车来接小妮，妈妈还会穿着那件大雨衣，让小妮钻进雨衣里面，然后紧紧地抱着她的腰。尽管这样小妮什么都看不见，但她却觉得一片光明，妈妈给的仪式感深深地刻印在了她的心中。直到多年后，每每下雨，小妮都会想起妈妈身上的温度，脸上洋溢着被爱的微笑。

关爱是一束光，它能够照亮孩子的心田，让孩子向着更加美好的方向前行，将来成为一个阳光之人。许多时候，爱就是无言的付出，我们要用行动去诠释对孩子的爱，好好地守护他的成长。

孩子的心思很缜密，很多我们不经意的行为会在他的心中掀起很大的波澜。所以我们对孩子要温柔以待，时刻用我们的爱去呵护他幼小的心灵，这样就会在他的心中埋下爱的种子，让爱在心中生根发芽。

蕾蕾小时候，身体很弱，隔三岔五就会感冒，妈妈为此非常忧心。妈妈知道蕾蕾爱吃罐头，于是每次她生病时，妈妈都会买给她。这时，蕾蕾就会得到很大的满足，似乎感冒也减轻了不少。虽然妈妈嘴上总说："你这个小馋猫！"可每次都会看着她把一整罐罐头吃掉，连汤也不剩。看着妈妈的笑脸，吃着甜甜的罐头，蕾蕾心里别提有多开心了，嘴里一个劲儿地说："要是我经常感冒就好了。"

"呸呸呸，你这个傻孩子，说什么胡话呢。"妈妈赶紧说道，于是母女二人笑成一团。

后来，蕾蕾长大了，她上了初中、高中、大学，每当感冒躺在床上，她总会想起妈妈的罐头，仿佛看见她正端着罐头坐在自己的床前，微笑着叫她"小馋猫"。这时对妈妈也有无尽的想念。

回想自己整个童年时期，蕾蕾觉得自己是幸福的。妈妈虽然没有给过自己什么轰轰烈烈的仪式，没有过鲜花派对，也没有过海味山珍，但她却实实在在给了自己仪式感，让她无时无刻不感受到妈妈的关爱。

童年的那些仪式感，深藏在孩子的内心深处，就像一小团火焰，温暖着孩子的内心。作为父母，我们要用心去做，认真去营造家庭的仪式感，让孩子的童年生活充满仪式感，一句鼓励、一个习惯、一个拥抱甚至是一个微笑，都能让孩子感受到父母的重视与在意。

4. 仪式感里是爸爸的教导

在对孩子的教育和陪伴中，爸爸和妈妈教育孩子的目的虽然殊途同归，但教育和陪伴方式却大不相同。通常情况下，爸爸不似妈妈那般唠叨，当孩子遇到问题的时候，会给孩子提建议、出主意，但绝不会全权代劳。所以在家庭中，爸爸大多数时候会教导孩子，而这种教导的方式，大部分情况下是富有仪式感的，在这种仪式感中，饱含着爸爸循循善诱的教导和深沉的爱。他对孩子的影响往往会更加深远，甚至可能改变孩子的一生。

人们常说小学三年级是一道分水岭，孩子们经过这一年的学习，在成绩上会表现出参差不齐的变化。有的一落千丈，有的却扶摇直上，而陈阳就属于前者。他一二年级时，因为有幼儿园的基础，所以成绩还算是可以，但是上了三年级以后，新知识越来越多，对孩子学习能力的要求越来越高，这时，孩子稍不努力，成绩就会表现出下滑的迹象。陈阳就是如此。他很贪玩，常常不把学习当回事儿，虽然妈妈经常监督他，唠叨他，可他就像没听见一样，丝毫没有改变。一次模拟考试，陈阳的成绩极差，为了让孩子正视学习，爸爸决定要好好地教导他一番。

　　"阳阳，爸爸一直觉得你还小，从来没有认认真真地跟你谈过学习的问题。今天我们必须好好地谈一谈。"

"谈什么？"

"你是如何看待学习的？"

"我觉得学习很辛苦，有时候很不想学。"

"那你觉得什么不辛苦呢？任何收获都是辛勤汗水换来的，这个世界没有不劳而获的东西。你今天跟我去仓库待一天吧。"

到了爸爸公司的仓库，正好有一车货物送来，于是爸爸招呼陈阳过来，让他一起帮忙搬小件的货物。刚开始陈阳还非常有劲，觉得挺有意思，也挺有成就感，可是过了一会儿，他就累得不行了，一屁股坐在地上，看向爸爸。这个时候，爸爸正忙着跟工人搬大件货物，只见他汗流浃背，不时用毛巾擦着额头。

一天的工作终于结束了，爸爸没有跟陈阳提关于学习的一字一句，但是从那以后，陈阳明白了学习的重要性。他从爸爸的身影中读懂了他的教导。

许多时候，我们总会认为孩子还小，对许多道理不明白，其实这是错误的想法，有时候我们的一句话，一件事，都能让孩子深受启发。所以我们对孩子的教育要有仪式感，不仅让他知道我们的爱，同时还能明白我们的良苦用心。

强强小时候是一个让爸爸妈妈头疼的孩子。他虽心地善良，但是性格急躁，经常会因为一点儿小事儿跟别人吵架，甚至动手。

每次吵架回来，妈妈询问缘由的时候，强强的情绪都很激动，经常会语无伦次，甚至还会哭闹不休。为了让他冷静下来，爸爸就会让他面壁半小时，并对他说："爸爸让你面壁，不是因为你做错了事情，而是因为你不能冷静地思考，不能冷静地处理问题。你就这样站着，好好把整件事情的头绪理清楚，然后咱们再谈一谈。"

半小时之后，强强的情绪稳定了，于是才一五一十地讲事情的经过。当然，了解情况之后的爸爸并不会一味地责备他，如果别人有错，爸爸也会对强强的据理力争表示肯定。但不管怎样，他始终教导强强凡事要冷静思考。而爸爸让强强面壁的做法，就是以一种特有仪式感的方式让强强控制自己的情绪，冷静下来，这对强强日后的成长很有帮助。

后来强强与他人的争执越来越少了，每当他想冲动的时候，就会想到面壁的半小时，然后冷静下来，去想更妥善的解决方法。再后来，强强长大了，他已经在爸爸的面壁仪式下养成了遇事冷静思考的好习惯，整个人也变得成熟、稳重了很多，在职场中如鱼得水。他常说："是爸爸的仪式感给了我改变自己的勇气，他的教导影响了我的整个人生，让我成为更好的自己。"

因此，爸爸教育孩子时的仪式不可或缺，它可能没有妈妈的仪式那么温馨，但却同样有爱，爸爸把自己对孩子最真诚的教导融入仪式，让这种仪式感根植于孩子的内心深处，从而让孩子更加明确方向，越发勇敢地走下去。

5.有种仪式感叫姥姥家

在大多数孩子心中，姥姥家是一个有特殊情结的地方，只有每年过节、寒暑假的时候，他们才有机会去姥姥家。每次去姥姥家，一家人拎着大包小包，这个场景在孩子的心中留下了深刻的印象。孩子也都喜欢这种仪式，在仪式中获得浓浓的亲情和爱。这种特别有仪式感的情愫，我们称之为：姥姥家的感觉。

在我国有大年初二回娘家的习俗。丽丽家每年都会遵照这个习俗，大年初二那天一家人回姥姥家。这对丽丽来说可是一件高兴的事情。

初二一大早，丽丽和爸爸妈妈就收拾东西，开始奔赴姥姥家。一路上，丽丽的心情非常激动，完全不亚于去参加一个盛大的宴会。姥姥家是一个热热闹闹的大家庭。丽丽有一个舅舅、两个姨姨，每年的这一天，大家都会聚在一起吃团圆饭。

到了姥姥家后，丽丽会挨个给长辈们问好，然后兴奋地收自己的压岁钱，这可是她在姥姥家最激动人心的环节。之后，丽丽就会跑到院子里跟表哥、表姐妹们一起玩耍，大家你追我赶，其乐融融，别提多开心了，完全忘记了早春的寒冷。什么时候屋里传来了"开饭了"的呼声，她们才会跑进屋，先是看一下饭桌上有没有自己爱吃的菜，然后才去洗手。

在姥姥家的一切都是那么让人开心。丽丽觉得姥姥的大家庭真的很温暖，长辈们相亲相爱，用爱呵护着孩子们的成长，而孩子们是那样的无忧无虑。

这种开心深深地印在丽丽的脑海中，即使长大后，由于各种原因，她不能在大年初二回姥姥家，但是每每想到那种只有在姥姥家才能体会到的温馨，心中还会莫名地感动和怀念。她觉得姥姥家是一个让人心安的地方、一个有爱的地方，是她童年时代最美好的记忆。

所以，当我们还有娘家可回，孩子的童年还在，我们要尽量克服困难，带孩子回姥姥家，给孩子这种美好又难忘的仪式感。这样不仅会让孩子感受更多的爱，同时也能变成一个孝顺、懂事的孩子，这对孩子的成长十分有利。

我们经常说"隔辈亲"姥姥姥爷对孩子的爱往往不同于父母对孩子的爱。孩子在姥姥姥爷面前可能会更放松，心里更踏实，所以越来越多的孩子会喜欢寒暑假住姥姥家，去享受那种惬意、自由的生活。

婷婷跟姥姥姥爷的关系非常好，虽然他们不住在一起，但是她和姥姥姥爷却特别亲切。每年寒暑假，婷婷都会主动要求去姥姥家住上一段时间。这不，暑假来了，婷婷迫不及待地要去姥姥家，在征得妈妈的同意之后，她就收拾衣服、书包，仪式感满满地出发了。

在姥姥家，婷婷的日子过得格外舒坦。每天早上没有了闹钟，她总是睡到日上三竿才会起床，然后吃过早饭就会跟着姥姥到院子里逛逛，看看花草，抓抓蝴蝶，仿佛姥姥家的空气都是香的。

午饭姥姥往往准备的都是婷婷最爱吃的。有时候，她甚至还可以自己点餐后，姥姥姥爷忙活着做，她完全享受着公主般的待遇。下午看看书，写写作业，时间很快就过去了。晚上，她还会跟姥姥姥爷在大树下纳凉聊天，听着虫儿的声音在姥姥的怀中睡着。

就这样，婷婷在姥姥家度过了快乐的暑假，紧接着就是哭哭啼啼的告别，每年都是如此。

再次回到校园中，婷婷讲起姥姥家的趣事一件又一件，每件都是那么有意思，这让同学们非常羡慕。婷婷觉得在姥姥家度过的日子，是她最轻松快乐的时光。

所以，有时候，我们能够让孩子放弃补习班，去姥姥家生活一段时间，也是给孩子的一种仪式感，让他们在有限的时间里享受最美的童年时光。对于孩子而言，回到姥姥家本身就是人生中最难以忘怀的仪式，不管在姥姥家做什么，他的内心都是愉悦的，这快乐都是难以忘怀的。

6. 有种仪式感叫奶奶说

有些孩子，平时能和爷爷奶奶朝夕相处，所以他们的童年不仅有爸爸妈妈的爱，也有来自爷爷奶奶的呵护。奶奶是长辈，在教育方式上可能不同于年轻父母，但是对孩子的爱却是没有区别的。奶奶的爱同样可以让孩子感受到满满的幸福，而孩子同样能够在奶奶给的仪式感中，获得能量，帮助自己更好地成长。

糖糖的奶奶是一个朴实的老太太，过去她一直生活在农村。糖糖的爸妈几次邀请她来同住，一直都被拒绝。这几年，奶奶的身体不太好了，爸妈才把她接过来一起住。糖糖跟奶奶的关系很好，没事儿的时候就喜欢跟奶奶聊天，听奶奶说一些她自己的人生故事。

　　奶奶是个勤劳的人，每天很早就会起床，然后开始收拾家里的东西。等糖糖睡醒了，准备上学的时候，家里已经打扫干净，早饭也已经摆在了桌子上。妈妈几次劝说奶奶不要这么辛苦，这些事情她会去做，可奶奶却总说"早起三光，迟起三忙"，这句话是一句谚语，说的是起床起得早的人可以看到星星、月亮和太阳同时出现的场景，起得晚的人精气神都会很慌乱，做起事来必定要慌慌张张什么都做不好。关于这一点，糖糖有了一次深刻的体会。

　　有一天，糖糖不知为何，早早就睡醒了，于是就起了床，洗漱完之后，她还收拾了一下自己的房间，后来时间还早，她又把头天晚上忘记预习的课本看了一遍。这时，奶奶喊她吃早饭，她回望自己的房间，干净利索，心情也好了不少。饭桌上，她告诉奶奶今天早上做了好多事，奶奶笑着说"早起三光，迟起三忙"，早起一小会儿就足够让人不慌不忙。回想自己每天早晨上战场一样的慌乱，她觉得奶奶说得实在太有道理了。后来，奶奶经常会用这句话来教育她，告诉她勤快很重要，提前做好一些事情会赢得别人的信任。可惜，当时的糖糖并不是很懂。

后来，糖糖长大了，对奶奶这句话的体会越来越深刻。每当自己因为时间不充足而手忙脚乱时，她就会想起奶奶说的话。在之后的日子里，她不断地用奶奶的这句话激励自己，她觉得这是奶奶给的仪式感，里面是奶奶对自己的教导和期许，希望自己能够内心坦然、不慌不忙地生活。

很多时候，老人并不会像年轻人一样，能够想出什么新奇的方式去表达对孩子的爱，他们只是默默地付出，将对孩子无尽的爱融入行动中。然而孩子是聪明而敏感的，不管什么形式的爱，他们始终都能感觉得到，并从中获得仪式感。他们会明白，奶奶说"我不累"的时候，其实她是疲倦的；奶奶说"我不饿"的时候，她也是需要食物的……奶奶之所以会这样说，是让自己更加心安理得地接受她的爱。

娇娇小时候，爸爸妈妈常年在外打工，她一直跟奶奶住在一起。那时候，家里的条件有限，很难得吃上什么好东西，但凡有点好吃的，奶奶也会留给娇娇，自己舍不得吃一口。每当娇娇要求奶奶吃的时候，奶奶总会说："奶奶不爱吃。"于是娇娇就心安理得地吃完了。那时候，她总是调侃奶奶："奶奶真挑食，什么新鲜的东西都不爱吃，就喜欢家里的土豆和白菜。"

"奶奶就是没口福，不爱吃那些你们小孩子喜欢的吃食。"

每当这时，娇娇总会开心地笑起来。后来，娇娇渐渐长大了，

　　她发现那些所谓的"不爱吃""吃不惯"都是奶奶言不由衷的话，她只是想让自己多吃而已。

　　一次，家里来亲戚拜访，带来一只烧鸡，客人走后，奶奶给早已垂涎三尺的娇娇打开了那只鸡。娇娇让奶奶坐下来一块吃，可奶奶直说自己闻不惯那样的味道，不爱吃，于是娇娇也没管那么多，开始大快朵颐起来。不知道是鸡小，还是娇娇太久没吃肉了，一只鸡转眼就变成了一堆骨头。之后她心满意足地到院子里玩了。然而透过窗户玻璃，她却看见奶奶在啃那些没有吃干净的肉。这时娇娇才明白，奶奶是因为爱自己才这样的，瞬间感动得热泪盈眶。

娇娇长大后，每每回想到在奶奶家的那些日子，她都觉得自己格外幸福，奶奶用自己的"不爱吃"给了她最有仪式感的爱，让她快乐地成长。每次去看奶奶的时候，娇娇都不忘给奶奶带上一只美味的烧鸡。

很多时候，长辈的爱是一种无言的仪式感，默默地守护着孩子，给他温暖与能量。当孩子跟长辈在一起生活时，我们要教会孩子理解来自老人的疼爱，并懂得感恩。这对他未来走向社会的人际沟通起着积极的促进作用。奶奶的这种爱会在孩子的心中生根发芽，并在这种爱的滋养下，让孩子内心丰盈，充满正能量。在懂得被爱的同时，也能明白怎样用自己的爱去温暖更多的人。

第四章

心灵沟通，仪式感需要用心创造

仪式感不应该被简单地物化，用心创造，才是其最本质的核心。成功的教育和良好的亲子关系都离不开心灵的沟通。作为家长，我们要想让自己创造的仪式感真正地促进孩子健康成长，就必须让其走进孩子的内心深处，与孩子的心灵融为一体。父母越有能力就越能清晰地感知孩子的内心世界，就越能与孩子进行有效的心灵沟通。而要想与孩子进行有效的心灵沟通，我们就要多用心思，例如小心守护与孩子的秘密，建立统一战线；记录好孩子的每一次进步，分享他的快乐；与孩子一起面对困难，理解他的内心……只有我们用心陪伴孩子的成长，孩子才能变得越来越优秀。

1. 跟孩子之间的小秘密

与孩子相处，我们需要与孩子之间有一些小秘密，因为彼此之间的"小秘密"就是拉近彼此心理距离最好的方法之一。如果没有，那我们就想办法制造一些。有了这些小秘密，我们与孩子之间就有了共同守护的约定，与孩子的关系就会亲密很多。更为关键的是，这种共同的守护还会在孩子的心中产生一种仪式感，一种自己与爸爸妈妈之间共同守护的仪式感，让孩子感受到爸爸妈妈给予的支持和温暖。

小彤是一个温柔、安静的小女孩，今年刚上一年级。新学校，新环境，一切都让她感到非常好奇。她的同桌是一个小男孩，活泼好动。

有一天，小男孩拿了一支非常漂亮的笔，说是自己的姐姐送的。笔的上面不仅有美少女图案，还有一根粉色的羽毛。小彤特别喜欢这支笔。放学时，趁同桌没注意，小彤把笔装进了自己的笔袋中。然而刚一出教室门，小彤就后悔了，因为妈妈和幼儿园老师都曾经教导过偷拿别人的东西不好。可是，同桌已经走了，她没法再把笔还回去了。不过，小彤转念又一想，既然已经"偷"了，再让人知道，那自己多难为情啊！小彤的内心非常纠结。

小彤心事重重地回到家中，妈妈很快就发现了她的反常举动。看着小彤一副欲言又止的样子，妈妈问道："你有什么事情要跟妈妈说吗？"

"没有。"小彤很犹豫地说。

"没关系，即使说了，我也会给你保密的。"

"真的能保密吗？"

"绝对保密！"

于是，小彤忐忑地把拿了同桌笔的事情告诉了妈妈。妈妈听完后，便郑重其事地告诉她：这种做法是不对的，这是品质问题，必须改正。她让小彤私下里把笔还给同桌，并且跟他道歉。小彤点头答应了。

晚上，小彤看到爸爸对自己的态度一如往常，就知道妈妈确实维护了她的颜面，没有把这件事情告诉爸爸。她悬着的心也终于放了下来。从那以后，小彤有什么事情都会跟妈妈说，她觉得妈妈是一个值得信任的人。

随着孩子一天天地长大，他慢慢会有保密意识。他有了自己的小秘密后，不会像之前一样向我们倾诉所有。所以，我们要跟孩子建立心灵上的沟通，给孩子一种信任的仪式感，这样才能让孩子敞开心扉，像知心朋友一样与我们交谈。

相反，如果我们不能保守秘密，得不到孩子的信任，那对孩子来说就是一种伤害，可能还会阻碍他性格的良性发展，甚至对其未来造成不利的影响。

涛涛是一个自尊心很强的小男孩，虽说只有三年级，但处处怕被人笑话。一天晚上，涛涛梦见自己在一条小河里玩耍，玩得正开心，突然觉得自己屁股湿湿的，他一下子惊醒了，"完了，我尿床了。"

早上起来，虽然他极力掩盖，但最终还是被妈妈发现了。涛涛红着脸说："妈妈，你能给我保密吗？"

"还害羞啊，好，保密，保密。"

下午放学刚一进家，串门的阿姨们就都看着他笑。然后大家就七嘴八舌地说起来："听说早上你画地图了？""都快娶媳妇的小伙子了，还尿床啊。"……涛涛怒视了妈妈一眼，又羞愧又生气地跑回房间了。身后是一片"哈哈"的笑声。

从那天开始，涛涛就再也不信任妈妈了，他觉得妈妈丝毫没把自己的面子当回事儿。后来，每当他有什么秘密想要跟妈妈说的时候，耳边总会响起那一次的哄堂大笑，也就打消了念头。

慢慢地，涛涛的性格越来越内向，因为他觉得妈妈都不值得信任，别人更不会保守秘密。

上述涛涛的案例，让我们明白，关于孩子的秘密我们一定要格外认真对待，即使是一个微不足道的小秘密，我们也一定要严格遵守对孩子的承诺，为孩子保守秘密。因为这个秘密对于我们来说或许只是一件不起眼的小事，但是对于孩子来说，却是关乎信任的大事。而信任是孩子产生仪式感的基础，没有信任，父母与孩子之间的关系在孩子的心中就是负面的，这样非但无法让孩子感受到仪式感的庄重，反而会让他与我们的关系渐行渐远。

2. 记录孩子成长的每一步

人们常说，陪伴是最长情的告白。从呱呱坠地到蹒跚学步、牙牙学语，再到幼儿园、小学、中学、大学，我们见证了孩子成长的每一步。我们对孩子全情投入，那孩子是不是也体会到我们的爱了呢？怎样让我们的爱更有仪式感呢？这就需要我们用心去琢磨，去创造。

通常情况下，有仪式感的爱更容易让孩子理解和接受，更容易拉近我们与孩子之间的心灵距离。

冉冉的妈妈是一名摄影爱好者。在冉冉出生之前，她经常背着相机四处去拍照。自从冉冉出生以后，孩子就成了她生活的全部，也顺理成章地成了妈妈镜头中的主角。

妈妈觉得冉冉是上天赐给自己的礼物，所以要把她成长的点点滴滴都记录下来。每天，妈妈都会给冉冉拍照，笑的、哭的、委屈的……各种表情应有尽有，就连冉冉拉臭臭的表情也没有放过。在她看来，冉冉的一切都是那样可爱。

转眼冉冉已经是小学四年级的学生了，出落得亭亭玉立。马上就到冉冉的生日了，妈妈决定做一个小小的纪录片，当作生日礼物送给她。

生日会那天，当大屏幕上亮起了冉冉成长的点滴时，宾客们无不感动，纷纷赞叹父母养女的不易，冉冉也感动得泪流满面。没错，她真切地感受到了爸爸妈妈的爱。她说："妈妈，我没想到你把我从小到大的点点滴滴全记录下来了。"

"是的，你是妈妈生命中永远的主角。"

"这份礼物对我来说真的是太珍贵了，不然我都不知道自己小时候长什么样子。"

妈妈一下子笑了，在场的人都笑了，而冉冉则沉浸在妈妈给予她的这份充满仪式感的爱中。

记录孩子成长的每一步对于我们父母来说是一个享受的过程，因为我们可以清晰地看到孩子在爱的浇灌下健康成长，也更能体会一个生命从小长到大的神奇。对孩子来说，同样也是一个享受的过程，他可以直观地感受到自己的每一点成长都是被爱、被呵护的，能够获得更大的力量，也更懂得感恩。

小军从小就是一个非常顽皮的孩子，经常调皮捣蛋，惹是生非，今天打了同学，明天又弄坏了别人的东西，没有一天是让人安心的。小军妈妈是一个不善言辞的人，很少会向小军表达自己的爱。正因如此，小军就认定妈妈是不爱自己的。而且自从有了这个想法之后，他的顽皮就更变本加厉。母子二人的关系陷入了一个无法沟通的怪圈中。

上了初中以后，小军与妈妈之间的关系更加紧张。一次，母子二人发生了争执，叛逆的小军离家出走了。后来，爸爸在小军的同学家找到了他，并劝他回家。小军却赌气地说："妈妈根本就不爱我，我不会回去了。"无论爸爸怎么劝，小军就是不回家。无奈之下，小军的爸爸只好回家拿了妈妈的一个记事本。

这个记事本的第一页就写着"记录儿子的成长点滴"。

"今天儿子出生了，我成了一位妈妈，从此担起了保护他的责任。"

"儿子会走了，看着他摇摇晃晃的小步伐，我既担心又欣慰。"

"今天儿子把小朋友推倒了，他还小，是妈妈没教导好，以后我会更用心的。"

"今天儿子又闯祸了，但是妈妈依然爱你，只希望你更懂事。"

"儿子偷拿了别人的东西，说他也不听，打了一顿，可妈妈后悔了，心疼。"

……

看着妈妈的文字，小军的眼泪不禁流了下来，原来自己不听话妈妈也是爱自己的。他暗暗下决心，以后一定要改变自己，不让妈妈再操心。

记录孩子的成长是培养亲子关系、教育孩子的一个非常好的方法。我们记录孩子成长的点点滴滴，在孩子看来是父母对自己特别的爱。这种充满仪式感的关爱，必然会深入孩子内心，直抵孩子灵魂深处。无论何时何地，孩子都能记起父母对自己那无可替代的爱。

3. 今天是家庭活动日

观察那些活泼开朗、热情大方的孩子，我们会发现，他们有一个共同的特点，那就是家庭和睦、凝聚力强。通常情况下，在一个家庭中，有父母参与的行动，孩子会有更高的积极性。因为孩子能够从父母身上感受到动力和爱，更愿意去努力做好一件事情。所以当我们想要更好地表达对孩子的爱时，不妨设置一个家庭活动日。

家庭活动日实际就是家庭聚会，但会精心设计安排各种家庭组合的挑战项目，让家人抽出一个固定时间好好地经历一场有爱的家庭挑战赛。在孩子成长最关键的时候，也是大部分父母最忙碌打拼的时候，家人真正团聚的时间非常有限，在有限的时间里能够情感互动的机会更是寥寥无几。通过家庭日活动，可以有效促进亲子互动、提升亲子感情。

笑笑在班里是大家的开心果，她的性格非常开朗，脸上经常挂着微笑，很少有生气的时候。这让大家都很羡慕。有时候，几个小伙伴课余时间会坐在一起聊天。每当这时，就会有同学问："笑笑，你怎么什么事情都不在乎呢？总是笑眯眯的，是不是因为你爱笑，所以你妈妈才给取名叫笑笑啊？"

"才不是呢。我刚一出生就叫笑笑了。不过我喜欢笑倒是真的。我爸爸说，人要学得大方一些，太斤斤计较不好。"

"你爸爸真好，他会跟你玩吗？"

"当然了，告诉你们一个小秘密啊，我们家每周都有一个家庭日，全家在一起玩。"

"都玩些什么呢？"

　　"可多了，有时候我和爸爸妈妈一起做手工，有时候一起打扫卫生，有时候一起旅游，反正可以做很多事情。"

　　"听着也很有意思。"

　　"我爸爸妈妈说，他们除了自己的工作之外，还有一项非常重要的任务，那就是好好陪我长大。他们每周都会陪我做一件有意思的事情，这样我的童年就丰富多彩了。我觉得自己真是个幸福的孩子。"

　　……

　　家庭活动日除了给孩子营造良好的家庭氛围之外，还有一个重要的意义就是增加了爸爸陪伴孩子的时间。在孩子的成长过程中，有相当一部分孩子都缺失爸爸的陪伴，要么是爸爸工作忙，要么是没有意识到爸爸陪伴孩子的重要性，总之，很多家庭，孩子与妈妈相处的时间更长，很少跟爸爸有互动。事实上，这种情况对孩子的成长是非常不利的。

在家庭中，父母分别扮演着不同的角色，不能互相代替。有研究表明，经常有爸爸陪伴和教育的孩子会更优秀。如果孩子得不到爸爸的陪伴，很容易变得焦虑、自卑、孤独、胆小、任性等，严重影响孩子的身心健康。所以，我们身为父母，必须给孩子完整的爱，既有母爱，也要有父爱，这样他才能健康快乐地成长。

上幼儿园时，圆圆胆子就很小，经常一有事情就藏在妈妈的身后，跟小朋友在一起玩耍也是小心翼翼的，总是一副很胆怯的样子。每次谈到这个问题，妈妈总觉得是因为孩子还小，又是女孩的原因，并认为等孩子大了就好了。

上了小学以后，面对陌生的环境和同学，圆圆的胆子变得更小了。虽然妈妈经常会鼓励她，但根本不起作用。妈妈尝试着与她谈心，也没有什么效果。后来，她请教了一个育儿专家，才知道圆圆的性格可能和爸爸的陪伴少有关。

爸爸知道这个情况后，心中感到非常愧疚，于是和妈妈商量，以后尽量多安排一些一家人在一起的活动。后来，他们干脆制订了"家庭活动日亲子游"计划，具体来说，就是爸爸想办法推掉周末所有的工作，一家人出游。

在游玩的过程中，爸爸会找话题跟圆圆聊天、谈心，一路上保护她和妈妈。慢慢地，圆圆变得越来越开朗，经常主动给爸爸妈妈讲一些自己知道的事情。旅游拓宽了她的视野，增长了她的见识，也让她积累了很多可以跟同学分享的素材，所以在学校里她也越来越健谈了。

看着女儿一点点的变化，妈妈心中很是欣慰。她觉得设置一个家庭活动日真是一个明智之举！

很多时候，我们为了所谓更好的生活，往往会忽略了孩子内心的情感需求。原本是想给孩子幸福的生活，结果却本末倒置，让孩子过得不开心。所以，我们在追求物质条件的同时，也要注重孩子的精神世界，多给孩子一些陪伴和心灵上的沟通，这样孩子的幸福感才会有所提升。很多时候，爸爸妈妈的陪伴远比玩具和食物更让他们渴望。因为通过类似家庭日的活动，父母的爱会在孩子心中变得更具体、更真切、更具仪式感。

4. 宝贝，咱们一起读书吧

高尔基说："书籍是人类进步的阶梯。"读书的重要性不言而喻。和孩子一起读书是家庭教育中一项重要的活动，既可以引领孩子学习知识，培养阅读兴趣，又可以走进孩子的内心世界，增加和孩子交流的机会，促进孩子的精神成长。

芸芸从小性格内向，不愿与人交流，即使跟爸爸妈妈也很少说自己的心里话。有时候，她明明受了委屈，却总是默默忍受着，不愿向别人倾诉。妈妈觉得芸芸这样的孩子心思太重，可能会对她的成长不利，所以总是想方设法与她沟通，希望她能够外向一些。然而，妈妈尝试了很多方法之后，芸芸还是惜字如金，不肯多说话。

后来，妈妈发现芸芸比较喜欢读书。她觉得这是一个好事情，于是趁芸芸上学的时候，特意买了一个书架，放置在房间的一角，另外还选了很多适合芸芸看的书。就这样，一个小小的图书角就诞生了。

芸芸回到家后，看到图书角，先是吃了一惊，转而又高兴地笑了起来。虽然她什么都没说，但妈妈明显感觉到女儿是开心的。妈妈看着她说："宝贝，从今天开始，妈妈要更好地陪伴你，咱们一起读书吧。"芸芸点点头。

每天晚上，完成一天的功课之后，芸芸和妈妈就会在图书角坐下来，各自安静地看书。妈妈有时会看自己的书，有时也会翻看芸芸的书。两人安静地坐在一起，虽然都没有说话，但妈妈却觉得彼此的心离得更近了。慢慢地，她们之间有了交流，并且越来越多。芸芸也体会到了，妈妈用有仪式感的读书来诠释对自己的爱，自己是一个幸福的孩子。

事实上，与孩子一起读书是一种无声的教育。它不仅教会了孩子阅读，以此拓宽自己的视野，同时还能让孩子感受到一种极具仪式感的爱。他们不仅能够获得我们的爱，还能从我们身上看到坚持不懈、为爱付出的精神。这对孩子来说，都是宝贵的财富，对他的未来都能产生重要的影响。

浩浩小时候在学习上不怎么用心，上课不专心听讲，写作业拖拉是常有的事儿。有时候，老师明明留了很少的作业，半个小时就能写完，他非得拖拖拉拉，一直熬到夜深人静才匆匆了事。这让妈妈感到非常头疼。为此，妈妈总是告诉他，要养成一个好的学习习惯，这样将来才能学有所成。可浩浩始终不当回事儿。

后来，妈妈想到了一个好方法，那就是陪着浩浩读书，他什么时候休息，妈妈也什么时候休息。

一天，浩浩放学回家，妈妈一脸认真地说："儿子，妈妈很爱你的，你知道吗？"

"我知道啊，你总是给我买好吃的，好玩的。"

"你说得没错，妈妈是因为爱你才给你买吃的。可是这不是妈妈爱的全部，妈妈对你的爱还包括陪伴和教育，所以从今天开始，妈妈会陪着你读书学习。"

浩浩没想到妈妈会这样说，一时间不知如何是好，只好默默答应。从那天开始，浩浩坐在桌前写作业，妈妈就坐在不远的地方看书，她不会干涉浩浩写作业，只是默默地陪伴。有了妈妈的陪伴，浩浩的心里安定了不少，也多了一份感动，尤其是看到妈妈困到直打瞌睡还在坚持的时候，他的心中更是五味杂陈。

慢慢地，浩浩改掉了写作业拖拉的坏习惯，也越来越享受妈妈的陪伴。后来，他长大了，在学校住宿，可每每挑灯夜读，都会想起妈妈的陪伴，就好像她在说："宝贝，咱们一起读书吧。"于是他就更有了动力。浩浩觉得这是妈妈给他的最具仪式感的爱，深沉而浓厚。

我们对孩子的爱要有仪式感，这样孩子才能体会得更加深刻。这种仪式感不一定是鲜花派对，也不一定是真情告白，有时只需默默地坐在孩子身边，就能让他与我们的心靠得更近。

5. 一个储蓄罐的约定

现在孩子大都有自己的零花钱、压岁钱、生日红包……这些钱加起来，也是一笔不小的数目。然而，孩子小的时候对于金钱还没有很明确的概念，他只知道钱可以买自己想要的东西，却不知道如何有效地管理好这些钱。要想培养他的理财意识，最好的方法是给予他理财的仪式感，让他能够严肃对待理财的问题。

如何才能让孩子有理财的仪式感呢？家长可以送孩子一个储蓄罐，跟孩子来个小小的约定，告诉孩子将自己的零花钱存到这个储蓄罐里，看看到年底的时候自己能够有多少收获，这些攒下来的钱可以干许多他自己想干的有意义的事情。

小宝是家里的宝贝，因为爸爸和妈妈都是独生子女，所以爷爷奶奶、姥姥姥爷也将全部的爱倾注到了小宝身上。只要小宝喜欢的东西，不管有用没用，不管价格有多高，只要能买，他们就一定满足他的要求。另外，他们还经常给小宝零花钱，以至于小宝小小年纪就挥金如土，只要看上的东西就一定要买到手。

上了小学一年级，小宝花钱依然大手大脚。妈妈觉得小宝已经长大了，应该有自己的金钱观念，明白什么钱该花，什么钱不该花，并且还应该养成存钱的习惯。于是小宝生日那天，妈妈非常郑重地送给他一个生日礼物——一辆汽车形状的存钱罐。妈妈告诉小宝："从今天开始，你又长大了一岁，妈妈希望你以后养成存钱的习惯，不要浪费钱，把钱积攒起来，花在最需要的地方。"

刚开始，小宝还不太习惯，想花钱的时候，就把钱从存钱罐里拿出来。但是他很快又想起了生日那天妈妈说的话，于是就控制住了自己。慢慢地，看着自己的钱越积越多，小宝心中居然有了一点儿成就感。

有一次，学校收取资料费，小宝一下子就从自己的存钱罐里拿出了足够的钱，心里顿时乐开了花。他觉得妈妈送自己存钱罐，是一种很有仪式感的爱，妈妈培养了自己存钱的习惯。他对钱有了正确的认识，这对他以后的人生也会有积极的影响。

事实上，孩子往储蓄罐里存的不仅仅是钱，存的也是一份梦想和希望，这是父母在教育孩子如何有规划地去生活。孩子看着钱慢慢变多，能够培养他抵制及时享受、注重长期目标的能力。而这一点，对孩子来说尤其重要，很多拥有良好财务技能的人都有一个相似之处：父母在他们很小的时候就帮助他们养成了储蓄的习惯。良好的储蓄习惯，能够帮助孩子树立正确的消费观，让他懂得节俭。

李东的爸爸妈妈都是生意人，经常忙起来就没时间照顾他，于是干脆给他一些零花钱，让他自己出去买东西吃。他们还总是担心李东的钱不够花，不能够买到喜欢的食品，每次给的钱都非常多。于是，李东渐渐养成了花钱大手大脚的毛病。

后来，爸爸妈妈给的钱不足以满足李东的花销，他又不敢跟爸爸妈妈张口要，于是就开始想其他的办法。李东经常跟同学借钱，多的有几十块，少的有三五块，但感觉钱还是不够花。就这样，他今天借明天还，甚至干脆就忘掉了，结果惹得人家追在屁股后面跟他要。

一次，李东跟妈妈走在街上，正好遇到了一个同学，对方毫不客气地说："李东，你打算什么时候还我钱呀？"面对着猝不及防的问话，李东一时间不知道如何是好，最后还是妈妈替他还了钱。也正因为如此，妈妈知道了李东借钱的事情。

　　后来，妈妈带李东去买了一个存钱罐，并且语重心长地告诉他："儿子，妈妈给你的钱并不少，你为什么就不够花呢？"

　　"我看见想买的东西就控制不住自己，又不敢再跟你要，只好借钱了。"

　　"人有急事可以借钱，但仅仅是为了贪图享受就去借钱，那就是品质的问题了。妈妈希望你将来成为顶天立地的男子汉，而不是唯利是图的人。人们常说，人穷志短，你总把自己置于这样窘迫的环境，怎么还能想着远大的志向呢？"

　　妈妈的一番话让李东羞愧万分，他想一定要利用好这个存钱罐，养成好的存钱习惯，不辜负妈妈的希望与爱。

　　我们对孩子的爱和教育包括方方面面，在金钱方面也应该时刻关注，让孩子从小养成良好的储蓄习惯，这也会影响到他未来的金钱观。当孩子开始接触到钱时，我们就要告诉他们，爸爸妈妈是爱他的，为他花多少钱也是心甘情愿。但是钱不能乱花，必须培养储蓄意识，这样他将来的生活才会更有保障。

6. 和孩子肩并肩、共前进

很多父母，明明很爱孩子，却在不自觉中慢慢地变成了孩子的敌人。父母明明是孩子最亲密的人，却同时也是最不值得信赖的人。这是许多孩子的成长之痛。之所以会这样，是因为父母与孩子不能站在统一战线上，不能进行深度交流。父母只有与孩子肩并肩，一起前进，这样他与我们才没有距离感，才愿意敞开心扉，做我们的知心朋友。而且这样做，孩子心中会产生一种强烈的仪式感，更加深刻地体会到父母的爱。

当然，我们与孩子肩并肩，不是指我们与孩子站在平等的位置上对他们放任不管，而是放低我们的姿态，更好地陪伴他，给予他无微不至的关心与爱护。

从前，洋洋与妈妈的关系很紧张。每天晚上，妈妈辅导作业，两个人总要闹不愉快。为此，洋洋和妈妈的关系一度陷入非常糟糕的地步，两个人只要一见面，就互相觉得不耐烦。

有一天，有朋友来做客，聊起孩子的事情后，洋洋妈妈开始倾吐自己的苦水。听完她的故事，朋友很冷静地说："我猜都能猜到你们在一起的状态。你知道吗，问题是出在你身上的。你没有做到与孩子肩并肩，所以孩子不愿对你敞开心扉。你们母子因为相互不理解所以才有越来越多的矛盾。"

"是吗？怎样才能做到肩并肩呢？"

"你要站在孩子的立场上替他着想，然后两个人齐心协力，这样才能相处得越来越好。"

后来，洋洋妈妈努力控制自己的情绪，争取平心静气地去和孩子交流。她惊喜地发现，洋洋的情绪缓和很多，说话的态度也和善了不少。她心中高兴，就对洋洋说："孩子，过去妈妈总爱跟你急，是妈妈没有管理好自己的情绪，以后妈妈不会再跟你吼了，咱们一起肩并肩往前走，妈妈护着你。"

听了妈妈的话，洋洋又惊又喜，他没想到妈妈为了爱他居然能够如此自我反省，于是眼中泛起了泪花。在妈妈的陪伴和鼓励下，洋洋的成绩也越来越好了。他觉得是妈妈充满仪式感的爱让他获得了力量。

与孩子统一战线，一起肩并肩，不仅要求我们站在孩子的立场想问题，同时还要求我们与他一起面对学习和生活中的难题，帮助他更好去解决。如果我们没有做到这一点，那么孩子将会陷入孤立无援的尴尬境地，很可能会因为内心孤独而变得孤僻、暴躁。

　　过去，亮亮的爸爸妈妈总是忙于工作，以至于无暇顾及亮亮。缺少父母关爱和管束的亮亮，不仅学习成绩差，还养成了一身的坏习惯。看到亮亮这个样子，爸爸妈妈十分伤心，经过商量，妈妈决定辞职在家陪伴亮亮。

　　然而妈妈的陪伴并不是与亮亮肩并肩共同学习进步，而是只是为了看着而看着，只要他安安心心待在家里学习就好。为了打发时间，妈妈又找到一份"职业"——打麻将。每天，她都会呼朋唤友，聚在自己家里打麻将，并把亮亮安排在身边写作业。她时不时地还会回过头来，催促亮亮"快点写"。至于亮亮是否照做，又是否用心学习，她并不关心，她所有的心思都放在自己的牌局上。

与过去相比，亮亮反倒觉得现在更受约束了，内心也越来越孤独，把所有不好的情绪都发泄在游戏中。就这样，因为有了妈妈的"陪伴"，他的成绩反而越来越差。

亮亮的案例告诉我们，一定要用正确的方式去陪伴孩子，与孩子沟通，而不是简单地坐在他们身边。只有这样，孩子才能感觉到父母与自己是地位对等的，而不是高高在上的。当我们蹲下身来，与孩子肩并肩的时候，心与心之间的距离就拉得更近了，而在孩子心中，一定也会产生一种暖暖的仪式感。他也会更好地感受我们蹲下身子的仪式，被爱所感染，勇敢前行。

第五章

舌尖上的记忆，餐桌上的仪式感

民以食为天，中国人长久以来的仪式感，在一方餐桌上得到了淋漓尽致的体现。如果说客厅是一个家的门面，那餐桌则承载着这个家里最具烟火气息的记忆，承载着家庭成员彼此之间情感的交流。餐桌的热闹程度就是一个家的温度。在孩子的眼里，爱就是一家人一起吃饭。餐桌，能体现一个家庭的温度，更是一个家庭幸福指数的晴雨表。一起准备晚餐，摆放碗筷。吃什么不重要，重要的是与家人一起准备，一起吃。因为这个过程包含着满满的安全感、归属感与幸福感，这些孩子都会看在眼里感受在心里。

1.吃饭不仅仅是"稀里呼噜"

我们每天都要吃饭，否则就无法生存。然而在吃饭的问题上，不同的人有不同的态度。有的人觉得填饱肚子就行，就像小猪一样，"稀里呼噜"猛吃一顿完事；有的人觉得要吃得开心，吃得有品位，吃得有仪式感，他们认为，吃饭的意义不仅仅是为了吃饱，还要吃出情感，吃出回忆。

作为父母，我们在吃饭这件事上应该给予孩子仪式感，因为这种仪式感不仅能够教育孩子要认真地对待生活，享受生活中的每一点乐趣，同时还能让孩子体会父母对他的期望和关爱，感受到更多家的温暖。

过去，珊珊家的生活一直很忙碌，爸爸妈妈披星戴月地上班，珊珊一整天都待在幼儿园，每天只在家里吃一顿晚饭。即使这样，这顿晚饭也是妈妈匆忙间准备的，一点儿也不精致。在珊珊看来，妈妈的晚饭简直太糊弄了。

后来，珊珊上小学了，需要一日三餐都在家吃，为了照顾她，妈妈只好辞掉工作，当起了全职"煮"妇。珊珊是个比较挑食的孩子，为了让她吃好，好好成长，妈妈每天都会精心准备各种食材，做不同口味的菜，力求能够吸引珊珊的注意。这让珊珊对妈妈刮目相看，每天也很配合地吃好多饭菜。

周末，妈妈要给珊珊做一道油焖大虾。做好以后，妈妈并没有直接盛到盘子里，而是开始一个个摆盘，珊珊说："妈妈，你何必那么费工夫呢，直接盛在盘子里不是一样吃嘛。"

"那不一样，摆盘会更有仪式感，让人心情舒畅。"妈妈继续摆着，之后又说，"妈妈还发现，每次只要把菜做得精致一些，你就能多吃几口。"

"我喜欢漂亮的菜。"

"所以呀，为了让你多吃几口，妈妈也得给你把菜做得漂亮一些。"

"妈妈你真好。"

吃饭的时候，珊珊想起了妈妈刚刚说的话，不由得心中感动，原本并不怎么喜欢吃虾的她，硬是多吃了几个，因为这是妈妈的爱。嚼着嘴里的虾，珊珊觉得原来虾这么好吃，以前自己都没发现。

我们想要给孩子仪式感，让孩子感受到我们的付出，我们就要尽心尽力。吃饭是我们每天必须重复的事情，是与孩子建立良好关系的好时机，所以我们不能让孩子"稀里呼噜"地去吃，而是要用心去营造仪式感，给他留下深刻的记忆，让他感受家的味道。

在小帆小的时候，爸爸妈妈为了挣钱要到外地打工，需要把她安顿在爷爷奶奶家。但是怕小帆知道这件事情心里难过，妈妈并没有提前告诉她。

一天，放学回家，小帆看见厨房菜板上放着一大块儿肉，足足有三斤，这可是过年时家里才会有的景象，于是小帆问妈妈："家里要来客人了吗？"

"没有，打算做给你吃的。"

"给我吃？"小帆不敢相信，平日里妈妈根本舍不得买那么多肉。

"是呀，你不是喜欢吃红烧肉吗？妈妈给你多做点。"

那天饭桌上，妈妈很小心地跟小帆说了要出去打工的事情，小帆很伤心，大口吃着红烧肉，虽说妈妈只是出去一年，可她却感觉好像妈妈要离开很久一样，把红烧肉的味道努力地记在了心间。

后来奶奶每次给小帆做红烧肉吃，她每次都不开心，奶奶很纳闷，红烧肉明明是小帆最爱吃的菜，可为什么不开心呢？事实上，她每次吃红烧肉都会想念妈妈。

再后来，小帆长大了，不能长时间陪在妈妈身边，每当她想妈妈了，就会吃红烧肉，不过她更想念妈妈做的红烧肉，那是她舌尖最独特的记忆。

作为父母，不能一辈子守在孩子身边，去关心他，爱护他，所以我们要在餐桌上努力给他创造仪式感，让他舌尖有美食的记忆，心里有家的记忆。当他独自在外，遇到彷徨和无助的时候，就能记起爸爸妈妈的关爱与家的温暖，从而更有勇气面对生活，勇往直前。

2. 餐具也能提升孩子品味

生活中的仪式感无处不在，即使日常的餐具，我们也能够让其带给孩子特殊的仪式感，让孩子内心形成一种独特的情结。比如，爷爷专用的大海碗，姥姥家特别的餐碟，都会给孩子留下深刻的印象。孩子长大以后，再见到类似的餐具，祖孙情、姥姥家的味道一定会涌上心头。

另外，餐具所带来的仪式感，还能提升孩子的审美能力，丰富孩子的精神生活。不同的食物搭配合适的餐具，孩子能从中感悟到生活的丰富多彩。美味的饭菜不可辜负，再搭配上比较有格调的餐具，不仅能增加食欲，还能体现主人的独特品位。如果我们的孩子每天能够面对美观的餐具、时尚的美食，孩子的审美也必将得到熏陶。

淘淘的妈妈是一个对生活充满热情的人，每天总是把日子过得充满诗情画意。她非常喜欢餐具，讲究不同的菜品要配不同的餐具。例如煎炸之类的干菜，她会选择平盘或者碟子来盛放；烩、炖之类汤多的菜会用汤盘来盛放；白斩鸡等素色的菜会用青花、红花等色调深一些的盘子来盛放；酱汁类颜色深的菜则用白色和浅色盘子来盛放……总之，淘淘妈妈的餐桌总是让人赏心悦目。不仅如此，吃饭时，她还会和淘淘讲一些色彩搭配的知识，让淘淘的审美情趣得以提升。

一次，学校组织校外实践活动，在一个摊位前，淘淘看见了一个非常精美的陶瓷工艺品。他仔细地欣赏着，还向周边的同学们有声有色地讲着色彩搭配的知识。摊主在旁边听着，不禁对淘淘竖起大拇指，称赞道："没想到你小小年纪还挺有品位的。"

淘淘不好意思地笑了。此时，他的脑海中又浮现出家里各种各样的餐具。

一个有品位的人往往会受到他人的喜欢。但是，对于孩子品味的培养，在于平时，在于细节，在于是否有仪式感。淘淘的妈妈就是通过日常的小细节——餐具和食物的搭配来培养淘淘的品味。

俗话说，物以类聚，人以群分，如果我们的孩子是一个没有品位的人，想要跟有品位的人聚在一起，就会显得格格不入。

娇娇是一个中学生，花一样的年纪，本该穿着得体、大方，可是在同学们的眼中，她是一个没有品位的人。因为她干什么都非常随意，平时穿着上也不讲搭配，只要穿上就行，生活中也不在乎什么仪式感。她之所以会有这样的行为，很大程度上源自其妈妈的影响。

娇娇的妈妈是一个非常随意的人，做事情不注重过程，认为只要结果对了就行。娇娇刚上小学的时候，一次，舅舅要来家里做客，妈妈非常开心，准备了很多菜。娇娇给妈妈打下手。第一个菜快要炒好的时候，娇娇说："妈妈，咱们要不把爸爸买的那一套新盘子拿出来吧。"

"拿它干啥，有什么用什么就行了。"

"用新盘子不是更好看吗？"

"你舅舅又不是外人，搞那么多花样干什么？"

于是，餐桌上摆满了大小不一、形状各异的餐具，有大盆、小盆、盘子、汤锅……一点儿仪式感也没有。

就这样，在妈妈的影响下，娇娇也逐渐地不太注重那些所谓的仪式感了，衣服拿过来一件就穿，餐具拿过来一个就盛，丝毫没觉得不妥，更不要提品位了。

餐具是孩子每天都要接触的物品，如果在餐具上父母能够花些心思，给孩子营造一种特别的仪式感，这对孩子的教育，比如审美、品味都能起到促进作用；但如果我们像案例中娇娇的妈妈那样随随便便，孩子的品位就很难形成。所以在日常生活中，我们应用心选择餐具，让孩子在吃饭的同时，既品味了美食，又熏陶了审美。

3. 仪式感的菜品，是家的记忆

每个人对家都有着深刻的记忆。父母的关爱、家中的一草一木都让我们终生难忘，而妈妈的饭菜则是我们记忆深处最难以忘记的家的味道。无论走到哪儿，我们都能想起妈妈给做的美味佳肴。一道具有仪式感的菜品饱含了妈妈对孩子深情的爱，同时也能让孩子永远记住妈妈和家的味道。

同样的菜，同样的烹饪方法，不同的人却能做出不同的味道，成为自己的专属菜品。对于孩子来说，只有妈妈才能做出最具仪式感的菜品。它不需要多精致，不需要多美味，也不需要有多独特，但却能成为孩子最独特的记忆。

乐乐是一个农村孩子。大自然给了人们很多的馈赠，苦菜、蒲公英、榆钱儿、杨树叶儿……很多很多能吃的东西，然而在她记忆深处最清晰的还是吃榆钱儿。

每当榆钱儿挂满枝头的时候，妈妈就会招呼她一起去摘榆钱儿。那榆钱儿结实地裹着整条树枝，诱人极了。妈妈把低处的榆钱儿摘完之后，还会爬到树上去，尽可能地多摘一些，让一家人吃个够。

榆钱儿摘回去以后，妈妈一朵朵地洗干净，然后就把榆钱儿和土豆熬在一起，做成大烩菜。当榆钱儿烩菜端上桌的时候，乐乐总会迫不及待地尝上几口，滑滑的，黏黏的，别有一番滋味。其实，乐乐并没有特别爱吃榆钱儿，她只是很享受妈妈给的仪式感而已。在乐乐的世界里，这种季节性的菜品似乎有着一种特殊的魔力，总能让她非常兴奋。每年榆钱儿挂满枝头的时候，她也总是抱着尝鲜的心态。

　　后来，乐乐长大了，去了城市生活，每年春天她只要看到榆钱儿，就会想起妈妈的榆钱儿菜和家。她自己也曾尝试着去做，可无论尝试多少次，总也做不出妈妈的味道，于是那道榆钱儿菜就成了她心中家的味道。每当这个时候，她仿佛又看见妈妈爬上

树梢摘榆儿钱，洗榆儿钱，端上来一道大菜的情景，心中总是暖暖的。

榆钱儿随处可见，也有很多人吃，但是妈妈给的仪式感却是难以寻觅的。所以作为父母，要想让孩子因我们而温暖，不忘家的味道，那不妨给孩子做一些具有仪式感的菜品，这样无论是舌尖还是内心都会拥有一份独一无二的记忆。

小珂家附近有一片鱼塘，所以家里的餐桌上经常会有鱼。为了不让家人吃腻，妈妈总是换着花样去做，总给人很新鲜的感觉。在众多的菜品中，小珂觉得有一道菜最具仪式感，那就是炸鱼鳞。

每次杀完鱼之后，妈妈都会把鱼鳞收集起来，洗干净，然后用姜粉和料酒腌制一会儿，倒在油锅里炸干，再拌些盐，就做成了这道菜。每次吃鱼，这道菜总是最后一个端上餐桌，就好像压轴大菜一样，攒足了家人的期待。

后来，小珂上中学不常回家了，每当肚子饿了，她就想吃炸鱼鳞，惹得同学们一阵儿惊讶，纷纷说："鱼鳞也能吃吗？"

"当然了，非常美味。"

"天啊，不敢想象。"

"我妈妈做得可好吃了，有机会给你们尝尝。"

看着同学们难以置信的眼神，小珂不知道如何才能说出它的美味。在大家看来，这道菜或许只是一道少见的菜品，但对小珂来说却是家的味道。

后来，炸鱼鳞成了小珂回家必点的菜，即使她不说，妈妈也会给她准备。在她与妈妈的默契中，炸鱼鳞早已超出了菜本身的意义，而是母女二人对彼此的思念与关怀。

妈妈做的美食，最开始满足的是孩子的口腹之欲，但到了后来，就会转化成孩子对妈妈和家庭深深的依恋，成为一种极具仪式感的记忆，成为孩子内心深处最难以割舍的温暖。所以，作为父母，我们可以通过亲手制作的美味来满足孩子内心的需求，让他在很多年之后，还会因为口中的美食想起家的温暖，想起惦记、关爱他的家人。不论厨艺如何，只要我们用心去做，将我们对孩子的爱倾注其中，那么这些美味都会在滑过孩子舌尖的同时，将爱留在孩子心间。

4.餐桌礼仪提升孩子修养

中国是礼仪之邦，自古以来人们就注重餐桌礼仪，它代表着一个人的修养。然而，有的家庭忽略了餐桌礼仪，在教育孩子方面也是如此，以至于很多孩子从小就没有养成良好的进餐习惯。实际上，如果我们爱自己的孩子，想让他将来成为一个受欢迎的人，那么我们就要让孩子懂得吃饭的礼仪，让他知道，餐桌之上，好好吃饭是一种修养。

叶子是家中的宝贝，全家人都非常宠爱她，从她开始学吃饭起，家里人就没有约束过她。叶子吃饭的时候，有时候用手抓着吃，有时候又用筷子在菜里搅，弄得饭菜四处都是。她吃饭还有一个特别不好的毛病，就是喜欢吧唧嘴，尤其碰到自己喜欢的食物，嘴里的动静就更响了。不过，妈妈从来没有觉得这是个问题。

一次，妈妈带叶子去朋友家参加一个聚会。进餐的时候，房间里很安静，只有一个人响声很大，大家循声望去，只见是叶子正埋头吃着，嘴里还不断地吧唧着。看大家都把目光转向叶子，妈妈一时间觉得有些难为情。突然，一个小孩高声地叫道："妈妈，我想起了小猪稀里呼噜，它吃饭的声音就特别大。"叶子这才注意到别人的目光，丢下筷子不再吃了。

回到家后，叶子很伤心地哭了，说："妈妈，大家都在笑话我吃饭呢。你是不爱我吗？为什么要让我这样呢？"

妈妈安慰道："乖孩子，不哭，都是妈妈不好，没有教你餐桌礼仪。"

习惯一旦养成，想要再改就会很难，所以作为父母，我们一定要从小培养孩子良好的就餐习惯。我们不能因为宠爱孩子就降低对他的要求，让他吃饭没有规矩、随随便便。当然，让孩子养成良好的就餐习惯，只有口头说教还远远不够，我们不妨试着让吃饭多一些仪式感。

岚岚上小学后，因为时间关系，妈妈安排岚岚中午在小饭桌与同学们一起就餐。集体就餐难免会涉及就餐礼仪，妈妈打算好好教一教岚岚。

　　晚上放学回家，妈妈做了一大桌好菜，岚岚看见后高兴极了，洗了手马上就坐下来准备吃。这时，妈妈立即制止了她，说："岚岚，你知道妈妈为什么今天做这么多菜吗？"

　　"不知道。"岚岚摇摇头说道。

　　"从今天开始，妈妈要教你一些餐桌礼仪，也算是你的开学第一课吧。"

　　"餐桌礼仪？学它干什么呀？"

"懂得餐桌礼仪，在重要的社交场上你才能保持优雅的风度，这是对人的基本礼貌。如果你不懂礼仪，别人会觉得你不尊重他们，可能因此会对你有看法，而且会从内心里嫌弃你，甚至看不起你。"

　　"哦，原来餐桌礼仪这么重要啊。"

　　"当然了，吃饭可不是简单的稀里呼噜。"

　　接下来，妈妈首先告诉岚岚要怎样选座位，又告诉她吃饭不要发出声响，即使喝汤也要小声不能打扰其他吃饭的人；当吃到有骨头的肉时，不能直接把骨头吐在桌上，以免影响其他人的食欲……岚岚把这些话都一一记在心上，她觉得自己今天真是学到了不少礼仪知识，这是妈妈做的最具仪式感的一顿饭。

　　从那以后，岚岚无论在什么样的场合吃饭，始终记着妈妈的教导。她暗暗下决心，自己一定要成为一个懂礼的人，不让其他人取笑。

　　"父母之爱子，则为之计深远"，这是我们的祖先早已明了的道理，我们今天的父母，更应该深刻领会其中的道理。好的餐桌礼仪，让孩子从小就讨人喜欢，长大后进入社会也会更受欢迎。这些陪伴孩子一生的好习惯，会在他踏入社会后带来意想不到的收获。我们想让孩子长大后成为一个受欢迎的人，基本的餐桌礼仪就必须让他掌握。我们如果能在吃饭的时候将仪式感融入其中，就能更有效地让孩子感受到餐桌上的规矩和礼仪，为他日后走向社会打下良好的基础。

5. 记忆中的亲人团圆大餐桌

中国人有一种幸福叫人丁兴旺。一个人如果有很多的亲人那就是最幸福的人。逢年过节，亲人们聚在一起，更能体现日子过得红红火火。

亲人团圆，餐桌上往往会格外热闹。无论是丰盛大餐还是家乡小吃，都散发着浓郁的仪式感，让人感到大家庭的温暖与快乐。因此，孩子们更盼望亲人团聚的日子，他们喜欢那种欢乐、和睦的氛围，也喜欢那个时候舌尖上的美味。

菲菲的妈妈有两个哥哥、一个姐姐和一个妹妹，他们共同组成了一个欢乐的大家庭。菲菲的小姨远嫁到了国外，每年只有七月的时候才能回来探亲。因为菲菲和姥姥、姥爷住在一起，所以小姨一回来，就会到菲菲家。而大姨和两个舅舅也都会和家人一起赶来。每年的这段时间，都是菲菲家最热闹的时候。

每当这个时候，妈妈总是最高兴的，她在大大的餐桌上摆满了大家爱吃的东西：有姥姥姥爷爱吃的鲇鱼炖茄子、小姨爱吃的糯米莲藕、大舅一家爱吃的红烧肉、二舅一家爱吃的辣子鸡、大姨爱吃的柠檬凤爪、爸爸爱吃的水煮肉片、孩子们爱吃的麻仁红薯，还有最重要的一道菜就是妈妈的家乡饭——土豆凉粉。因为每年小姨回来的第一餐，它们必定会出现在餐桌上，所以这顿饭极具仪式感，也给菲菲留下非常深刻的印象。她喜欢这顿饭的丰盛，也喜欢一家人在一起的感觉。

后来，由于小姨工作的关系，她不能每年都回来了，所以一家人也渐渐再难齐全地团聚在一起了。于是那一桌充满仪式感的团圆饭就成了菲菲心中最美好的记忆。

有时候，我们看似怀念一道道美食，实则怀念的是一家人团聚的日子。这种相亲相爱的感觉是世界上最珍贵的情感，所以当我们有家庭聚会时，我们一定要在餐桌上给孩子创造仪式感，让他们深深地去感受来自亲人间的爱、大家庭的温暖。

梅梅很小的时候，妈妈和奶奶的关系就不是很好，两个人经常会因为一点儿小矛盾而争吵不休。为了避免两个人的战争，奶奶搬回了乡下居住，这样家里安静了不少，也冷清了不少。

逢年过节，看见别人家热热闹闹的，梅梅总是非常羡慕。临近中秋梅梅去找同学小玉玩的时候，看见小玉的爷爷奶奶从乡下来了。梅梅看小玉一家人有说有笑的样子，瞬间想到了自己的爷爷奶奶。

回到家以后，梅梅闷闷不乐，妈妈再三追问，她才吞吞吐吐地说道："我看见小玉的爷爷奶奶来了，一家人在一起的感觉可好了，我也想让爷爷奶奶来。"

　　妈妈什么也没说，转身不理梅梅了。过了一会儿，梅梅用央求的口气说道："妈妈，今年就让爷爷奶奶来咱们家过中秋节，行吗？"看见孩子渴望的眼神，妈妈决定成全孩子的心意，于是点头答应了。

　　中秋节的前一天，爸爸把爷爷奶奶接了回来。中秋节那天，妈妈准备了丰盛的饭菜，梅梅别提有多开心了，她觉得这是几年来最快乐的一个中秋节，因为亲人团聚的餐桌上有笑脸、有美食，没有了争吵，没有了芥蒂。这种亲情营造的仪式感深深地触动了梅梅，她非常享受这种一家人团聚在一起相亲相爱的感觉，她非常希望妈妈和奶奶再也不要吵架了，一家人能常来常往。

　　很多时候，孩子的情感是非常细腻的，他们对亲情的渴盼远超于美食，我们想要给孩子充满仪式感的记忆，就要努力把握好每一次亲人相聚的机会，让亲情融于美食，化作舌尖上的美好，让这种记忆成为他们一生中最宝贵的财富。

6. 烛光晚餐下的温馨

提起烛光晚餐，相信我们都不会陌生，许多人认为这是情侣的专属，实则不然。我们也可以将这种形式应用到孩子的教育中。这种极具仪式感的进餐方式不仅有利于培养孩子的情商，还能让孩子从温馨中获得关爱和勇气。

康康是一个很胆小的孩子，尽管已经是个小学生了，但还是经常遇事怯懦，不敢向前。一次，爸爸出差了，家里只剩下了康康和妈妈，正巧家里又停电了。黑暗中，康康蜷缩在沙发上动也不敢动。看到他这个样子，妈妈心里有种说不出来的难过。于是，她打算借这个机会好好地跟康康谈一谈，让他变得勇敢一些。

妈妈说："儿子，别害怕，今天真是个难得的日子，妈妈晚上给你煎牛排吃，咱们吃个烛光晚餐吧。"

听了妈妈的想法，康康不由得拍手叫好。

很快，桌子上点起了两根蜡烛，虽然它的光很微弱，但足以照亮餐桌。在温馨的烛光下，康康也不再怕周围的黑暗了。

　　这时候，妈妈很郑重地对康康说："孩子，在这样一个温馨的环境下，妈妈想跟你谈一件非常严肃的事情，那就是关于你的勇气。"

　　"勇气？"

　　"没错，是勇气。

　　你现在已经是个大孩子了，慢慢会成为妈妈的依靠。妈妈希望你可以再勇敢一些，成为一个顶天立地的男子汉！"

　　妈妈的一番话，有批评有鼓励，不仅让康康认识到了自己的问题，也从这顿温馨的烛光晚餐中感受到了妈妈对自己殷切的希望。他变得有点难为情了，于是在心中默默地告诉自己，以后一定要变得更勇敢才行。

114

在之后的日子里，每当遇事想退缩的时候，康康就会想到那天晚上的烛光晚餐，想到妈妈的话，想到她充满希望的眼神，于是就鼓励自己，去战胜恐惧。

在诸如烛光晚餐这样有仪式感的氛围下，亲子沟通起来往往会更有效，孩子更容易接受父母的观点。同时在这种氛围下，孩子能够更坦诚地反省自身的问题，知道自己应该做什么，应该如何提高自己。而且这种影响是深刻、持久的，会在孩子的心中烙下深深的印记，不断激励着他去提高自己。

琪琪的妈妈是一个温柔慈爱的妈妈。在琪琪身上，她倾注了自己全部的爱。只要孩子提出要求，只要自己能办到的，她一定不会拒绝。有人说，她太惯着孩子了，可她却觉得孩子就是用来宠爱的，只要孩子开心，她做什么都愿意。

一天晚上吃饭的时候，琪琪看到桌子上摆的是自己最不喜欢吃的西红柿炒鸡蛋，就生气地跑开了，说：“我不饿，不吃了。”

“你好歹吃一口呀，不然一会儿就饿了。”爸爸赶紧说道。

“我不喜欢吃这样的饭菜。”琪琪回答说。

看着她挑肥拣瘦的样子，爸爸很不高兴，说道：“那你就饿着吧。”并且叮嘱妈妈不要惯她挑食的毛病。

然而饭还没吃完，就停电了，爸爸再次让琪琪趁热吃饭，可她偏不吃。临睡觉的时候，琪琪对妈妈说自己饿了，想吃麻辣烫。爸爸生气地说：“这黑灯瞎火的，怎么给你做麻辣烫？你这不是故意为难你妈妈吗？你已经是小学生了，连这道理都不懂……"

这个时候，妈妈已经把院子里的柴火炉灶点燃了，并开始给琪琪做饭。看着妈妈在微弱的烛光下忙碌着，琪琪鼻子突然酸酸的。

很快，麻辣烫做好了，琪琪在烛光下一边狼吞虎咽地吃着，一边说："妈妈，这顿烛光晚餐实在是太美味了。"

"只要你高兴就好。"

"可是，妈妈，对不起，我应该心疼你的。爸爸说得对，我以后再也不挑肥拣瘦了。"

伴着妈妈的微笑，琪琪吃完了自有记忆以来最有爱的一顿饭。

一次意外的停电，促成了一次别样的"烛光晚餐"。更难能可贵的是，在这样特殊的环境氛围下，一次让人感动的亲子沟通顺利完成了，孩子的思想也发生了巨大的变化。这就是烛光晚餐的力量。

当然，烛光晚餐只是为了营造一种仪式感。能够营造仪式感的晚餐形式还有很多，这只是最具代表性的一种。作为家长，我们应该勇于去尝试，哪怕对孩子起到的作用只有一点点，我们也要尽心尽力。作为父母，当看到自己的孩子变得越来越优秀，这对我们来说不也是一件颇有成就感的事吗？

第六章

端正态度，学习时的仪式感

众所周知，孩子只有学习态度端正，学习才会有动力，在平时的学习过程中才会取得好成绩。孩子要想取得好成绩，就必须有端正的学习态度：每天准备好学习工具让内心踏实；心情愉悦去上学元气满满；收拾好书桌让听课更专心；利用好每一分钟让学习更高效……而这一切都可以从我们给的仪式感中获得。因此，营造学习的仪式感可以帮助孩子提升学习效率。

1. 正视学习，从上学仪式开始

从幼儿园到小学，孩子的学习环境、学习内容和学习方法都要发生转变。这个时候，让孩子端正学习态度、认识到上学的重要性，是父母最应该做的事情。为了达到这个目的，我们在孩子每次走向校园的时候，要营造一种特别的仪式，让孩子从中感受到父母的重视与鼓励，感受到学习对于自己非凡的意义，从而认真努力地学习。

优优的妈妈是一个非常注重仪式感的人，她喜欢营造各种仪式来感染优优。

优优刚上小学时，妈妈的安排让她感受到了十足的仪式感。那一天，爸爸妈妈都没有去上班。爸爸一早就给优优准备了她喜欢吃的早饭，妈妈则给优优准备好了干净整洁的衣服，还在家里的小黑板上写上了"优优第一天上小学"几个字。黑板上还贴着优优六岁的生日照片。

一切准备就绪后，爸爸和妈妈一起开车去送优优上学，直到她走进教学楼，他们才离开。

因为爸爸妈妈的重视，优优精神格外饱满，一整天的学习状态都非常好，为此还得到了老师的夸奖，她别提多开心了。

在之后上学的日子里，她每天都充满了自信，快乐面对每一天的学习生活。

孩子怎样看待学习，在很大程度上会受家长的影响，如果我们态度端正，重视孩子的学习，孩子自然也不会掉以轻心；如果我们懒散放松，孩子的态度自然也就散漫一些，这对孩子的学习是极为不利的。学习态度是孩子能否学好的关键。所以在孩子的学习上，我们要想方设法创造各种有仪式感的场景，从而让孩子感受到我们对他的鼓励和重视，让他感受到我们对学习的关注和对他的期望。

健健的爸爸妈妈都是做事情很不认真的人，在他们眼中，没有什么事情是需要严肃、认真对待的，一切只要随心所欲就好。在他们的影响下，健健也逐渐养成了做事不认真的坏习惯。

上小学的第一天，健健很兴奋，很早就起了床。可是爸爸妈妈却迟迟没有动静，于是左等右等之后，健健只好去喊爸爸妈妈起床，他们才懒洋洋地起来。不过，爸爸一边起床，一边抱怨着："不就上个小学嘛，你激动什么呀？时间还早呢。"

起床之后，妈妈开始做早饭，之后又开始化妆，眼看上学的时间就要到了，可妈妈一点儿都不着急。于是健健再次催促，爸爸妈妈才跟着他下了楼。他们一边走还一边安慰健健："放心吧，今天是第一天上学，老师不会责骂你的。"

　　开学第一天就迟到，这对健健影响很大。慢慢地，健健上学的时间观念越来越淡薄，总是最后一个到校。在学习上，他也极不认真，想学的时候就学一会儿，不想学的时候就放肆地玩。有好几次，他连家庭作业也没有完成。老师把他叫到办公室，批评说："上学是一件非常重要的事情，你得认真对待，如果你总是这样的态度，怎么能学好呢？"

　　健健虽然当着老师的面什么都没有说，但是从办公室走回来的路上，他就暗自在想："不就是上学吗，哪有你说得那么严重？"

　　因为学习态度不端正，健健的学习成绩很不好，慢慢地，他对学习也失去了兴趣。

　　作为家长，我们的负面情绪往往会给孩子带来一定的负面影响。因此在孩子面前，我们始终要端正学习态度，不抱怨，不轻视，努力给孩子创造仪式感，让他切身体会到学习的重要性，并且从仪式感中获得学习的动力，每天精神饱满地去学习新知识。

2. 有仪式感的学习，提升学习效率

学习态度和学习效率二者之间成正比关系。通常来说，学习态度端正，学习效率就高。因为当我们沉下心来学习时，更能保持清醒的头脑去思考。因此，我们在教育孩子时，最重要的就是端正其学习态度。

孩子学习态度是否端正又与他对学习的认识有很大的关系。孩子刚刚开始学习的时候，对学习的方法、重要性等都没有很清晰的认识。这时，我们作为父母有责任去帮助孩子重视学习、端正态度。那么我们该怎样去做呢？在诸多的方法中，给予孩子学习的仪式感是一个行之有效的方法。

佳佳上小学以后，在学习方面不是很认真，还像幼儿园时一样贪玩。尤其在上课时，她总觉得气氛太压抑，总想搞一些小动作，以至于注意力不集中，学习效率很低。老师几次跟家长沟通，希望家校共同努力，帮助佳佳提升学习效率。

妈妈知道，佳佳并不是调皮捣乱的孩子，她只是还没有认识到学习的重要性，学习效率不高也是学习态度不端正的问题。于是一天晚上，妈妈找了个时间和佳佳进行了一次谈话。

"佳佳，你觉得上小学好吗？"

"不是很好，上课很不自由，不如幼儿园好玩。"

"你说的是事实，不过你忽略了一点，你现在是小学生了，开始了比幼儿园更高的人生阶段，你就得适应这样的课堂，否则怎么学知识呢？"

"您说过学习重要，我知道，可是我就是管不住自己。"

"那妈妈教你一个方法：每次你想玩的时候，就在心里默念'我是小学生'，这样就能慢慢地约束自己了。"

"真的吗？"

"当然！"从那以后，妈妈每天把佳佳送到学校门口，都会对她说："你是小学生，加油！"然后目送佳佳开心地跑进教学楼。

放学回来，佳佳很高兴地说："妈妈，你教的方法很管用。每当我想玩时，我就想起你说的话，心中默念'我是小学生，加油'，于是又能集中精力听老师讲课了。你看，我今天学会了很多东西呢。"

我们给孩子仪式感的学习方法往往会让孩子更有学习的动力，他也会因为我们的鼓舞而对学习充满信心。学习需要分类总结，也需要找到适合自己的学习方式。当我们发现孩子学习过程中存在一些问题时，就要有针对性地去帮助他摸索出最适合、最有效的学习方法，让他形成良好的学习习惯，从而提升学习效率。

小波是一个小学三年级的学生，他学习很努力，可成绩却总是不理想，这让他一度觉得懊恼。可妈妈觉得小波脑瓜儿聪明，学习上应该没什么问题，现在成绩不好，可能就是方法上出现了问题。

　　为了帮助他，妈妈开始和老师沟通，了解小波的课堂表现。老师说："小波是一个认真听讲的小朋友，学习很努力。不过，他的接受能力相对要差一些，课堂上讲新知识的时候，他总是听不明白的样子，所以我总告诉他要课前预习。"

　　"因为孩子每天很晚才完成作业，所以预习就被忽略了。"

　　"怎么会很晚呢？按理说家庭作业我布置得很少啊，只是想让孩子们巩固一下学过的知识。"

"小波之前学的很多东西都忘了，所以做作业慢。"

　　"复习和预习同样重要。"

　　通过和老师的交流，妈妈总算找到了小波学习效率低的原因。从那以后，她每天都会在孩子自主学习的基础之上给出合理的学习建议，让孩子能够有效地安排复习、预习。后来小波的课堂表现的确有了很大的变化。这样有仪式感的学习每天都在进行着，已经成了小波的一个学习习惯。慢慢地，他的学习效率提升了，成绩也越来越好。

　　一天，小波对妈妈说："妈妈，今后您不用再费心提醒我了，现在我已经养成了好习惯，在我心里，即使您不说，我也能感受到您的叮嘱。"

　　听完孩子的话，妈妈知道，自己教给孩子的学习方法已经深植于他的内心了。

　　很多时候，孩子的学习效率不高，并不是孩子不努力，而是没有养成良好的学习习惯。习惯是一种无形的力量。虽然它看不见，摸不着，但它又确实存在，一旦形成，就会对人的思想和行动产生促进作用。我们用富有仪式感的方式激发孩子的学习动力，帮他养成好的学习习惯，从而在学习上助他一臂之力。

3. 从这一刻开始我要认真学习了

认真学习、端正学习态度是学习好的先决条件。学习认真的孩子在课堂上往往能够全神贯注地听讲，能在课后认真地完成老师布置的作业。因此，我们要给予孩子鼓励和肯定，让他明白认真学习的重要性。

小学开学的前一天晚上，爸爸和妈妈把小宇叫到自己的房间。小宇有些担心，以为自己惹了什么祸，因为爸爸妈妈从来没有这样严肃过。

妈妈先开了口，说："小宇，从明天起，你就是一个小学生了，所以今天爸爸妈妈想和你聊聊关于学习的事情。对学习来说，习惯很重要，一旦坏习惯养成，想要改变就不太容易了。"

"好吧，妈妈，你说吧。"

"爸爸妈妈结合自己的经历，以及对那些成功人士的了解，我们总结出了学习的重要法宝。"

"法宝？学习还有法宝吗？"

"当然，学习的法宝就是'态度认真'。只要你端正态度，认真学习，那成绩一定差不了。"

　　看着爸爸妈妈郑重其事的样子，小宇意识到了认真学习的重要性。从出生到现在，爸爸妈妈还从来没有这样严肃地和小宇聊过任何一件事。在爸爸妈妈殷切而肯定的目光中，小宇明白：从这一刻开始我要认真学习了。

　　在爸爸妈妈极具仪式感的那一番谈话下，小宇坚定了自己认真学习的态度，不断告诫自己要认真学习，因此他的成绩也非常突出，经常受到爸爸妈妈和各位老师的表扬。

　　有时候，孩子学习不认真跟家长有很大的关系。因为在很多父母看来，孩子始终是孩子，无法认真学习也是正常现象。其实这种想法是非常错误的。孩子在一天天长大，他们的理解力和意志力要远比我们想象的更强。因此，当我们及时给予孩子极具仪式感的鼓励，他一旦认识到认真学习的重要性后，也一定能够做到。

　　小旭自从上小学以来，学习一直不是很认真。起初妈妈并没有太认真对待这件事情，她总是认为孩子还小，还不明白学习的重要意义，再大一些自然就好了。可是到了三年级，小旭还总是一副心不在焉的样子，这下妈妈有些着急了。

　　于是，妈妈开始对小旭严格起来，每天督促他看书写作业，但是，这对小旭并没有起到太明显的作用，他放学回来还是第一时间扔下书包出去玩。妈妈觉得小旭的学习态度不端正，这样下去很难取得好成绩。如果想要改变他的态度，就一定得想点办法才行。

　　一次数学测验，小旭考了不错的成绩，老师还发给他一张进步奖。小旭把奖状拿到家以后，妈妈非常高兴。她虽然嘴上没说什么，但是逢人就夸小旭进步了，还得了奖状。在妈妈极具仪式感的夸奖下，小旭感到了从来没有过的重视。他这才明白，原来妈妈一直渴望自己能够取得好成绩。于是他暗暗下决心，从此以后，一定要认真学习，改掉之前懒散拖拉的坏习惯，让妈妈放心。

　　孩子正在慢慢长大，父母有仪式感的激励会对他产生触动，从而去改变自己不好的学习态度。所以，我们想让孩子认真学习，不妨试着营造一种仪式感去激励他，潜移默化地对他进行影响和教育，这样远比喋喋不休的说教要更有效。

4. 书桌要收拾得干干净净

人们常说，环境影响心情。处于安静、整洁的环境中，人的心情往往也会更加平静、愉悦。孩子的感受亦是如此。当书桌干净、书本码放整齐，孩子就会把心思放在听课上，而不会去关注桌子上的其他东西。相比那些摆得乱七八糟的桌面，干净、整洁的书桌要更有学习的仪式感，更容易让孩子端正自己的学习态度。

芳芳的妈妈是一个做事井井有条，喜欢干净的人。她常常告诉芳芳，只有在整洁、明亮的环境中，人的心情才会好，才能真正投入地去做事情。另外，她还常说，做什么要有做什么的样子，也就是要有仪式感，这样做事情的信心才会更强。

芳芳上了小学以后，每次上学出门，妈妈都要叮嘱她：书桌要收拾得干干净净。芳芳很认真地点头记下。课堂上，除了必要的书本，芳芳的书桌很干净。因此她也能够把所有的精力都集中在听课上。每次听累了，想要放松的时候，她低头就会看到自己光溜溜的书桌，顿时就会想起妈妈的叮嘱，立马振作起来。

一次，学校在芳芳班里组织听课。在班里所有的同学当中，芳芳的书桌最干净，她听课也最认真。课后，校领导表扬了芳芳。

芳芳说："妈妈说上课要有上课的样子，干净的书桌时刻会提醒我，要端正学习态度，认真学习。"

后来，在芳芳的影响下，班上的同学也都将自己的书桌收拾得干干净净，他们都觉得这种仪式感让人学习的信心倍增。

哈佛商学院调查显示：学校中将课桌收拾齐整的孩子，成绩大都名列前茅，因为整理使得他们学会了规划、学会了耐心。如果孩子能够把自己的课桌收拾得干净、整齐，井井有条，从侧面也能锻炼他梳理思路、规划做事的能力。此外，干净的书桌也会具有一种强烈的仪式感，这种影响直抵孩子的内心深处。他会从仪式感中获得信心和勇气，在学习的过程中不断激励和约束自己，给自己纠偏。我们作为父母，也要始终明白这一点，一定要让孩子的书桌保持干净、整洁，从而帮助孩子端正学习态度。

妈妈经常调侃冬冬："你那书桌简直就是破烂堆。"其实妈妈说得一点儿不夸张，冬冬的书桌上什么都有，每次写作业都要先挪出来一块地方才行。

冬冬上小学后，妈妈为了给他提供良好的学习环境，特意给冬冬买了新书桌。书桌的面积很大，冬冬于是几乎把自己所有的东西都放在了上面，除了书本，还有雪糕口袋、瓜子皮、苹果核、牙签、水杯等各种各样的东西。每次想找东西的时候，他就在桌子上一顿乱翻，闹得自己都烦躁不已。

一次，冬冬写完作业后，没有及时把作业本放进书包。然后他又吃了一个苹果，并随手把苹果核扔在了书桌上。当他想起来收作业本的时候，那个本子早已被苹果核浸得面目全非，写好的作业也模糊不清了。为此，他哭了很长时间。

过了一会儿，爸爸过来安慰他说："冬冬，你别哭了，这样的结果是谁造成的呢？"

冬冬自知做得不对，没有说话。爸爸接着说道："学习就该有一个干净、整洁的好环境，你看看你把书桌弄得乱七八糟，怎么能专心学习呢？这不光是卫生和习惯问题，还是你的学习态度不端正的问题。一个好学的孩子怎么能让他宝贵的书桌变成这个样子呢？"

爸爸的一顿批评让冬冬清楚地认识到了自己的错误，他立刻开始收拾自己的书桌，并且保证以后绝对不再这样了。看着干净的桌面，冬冬的心里顿时清爽了不少，好像已经有信心再把作业重新写好了。

面对孩子不爱收拾书桌的问题，我们应该给予重视。孩子不注重书桌卫生，是学习态度不端正的一种表现。所以，我们要教会孩子，在学习之前一定要整理好自己的书桌，给自己营造一个快速进入学习状态的仪式感，这样孩子就能时刻提醒自己：我在认真学习。

5.学习开始前铅笔削得尖尖的

孩子上小学以后，几乎每天都要削铅笔。孩子们对待自己铅笔的态度大不相同，有的孩子喜欢把铅笔准备得妥妥当当，有的孩子则满不在乎，用完随手塞进笔袋中。最后也会出现两种结果，前者作业总是工工整整，后者作业总是马马虎虎。

实际上，这两种情况反映的也是孩子对待学习的态度。孩子还小，想得没有那么周全，但我们作为父母一定要教会孩子正确使用和放置铅笔，从而端正他们的学习态度。

阳阳明天就要上小学了，心情非常激动，一直在收拾着自己的小书包。等她整理好以后，妈妈走到了她的跟前，轻轻地问道："都准备好了吗？"

"准备好了，妈妈。"

"那我看看你的文具盒行吗？"

"当然可以。"说着，阳阳打开了自己的文具盒。只见里面橡皮、尺子、铅笔准备齐全，只是那几支铅笔整整齐齐地躺在那里，一支都没有削。

"你用这样的铅笔怎么写字呀？"妈妈问道。

"我带着卷笔刀呢！"说着阳阳把卷笔刀举在了妈妈眼前。

"那你准备什么时候削呢？老师让你写字，你才要开始削铅笔吗？大家会不会等你呢？"

"哦哦——"阳阳不好意思地低下头，"我现在就把它们削好。"

"上学的前一天，要把所有的东西都准备齐全，铅笔削得尖尖的，随时拿起来就能用，这样才有上学的仪式感。你想想看，老师让大家写字，你打开文具盒，所有的铅笔都准备好了，是不是心情很好，信心满满呢？"

"妈妈你说得对。"

之后的几天里，妈妈每天都会提醒阳阳要把铅笔削好，她也听话地去做了。慢慢地，阳阳已经养成了提前削铅笔的习惯，即使妈妈不再反复叮嘱，她也能自己去做好这件事情。

有一次刚做完作业，阳阳就困了，于是就准备睡觉。突然，她仿佛听到了妈妈说"铅笔要削得尖尖的"，立刻就想到自己忘削铅笔了，于是赶紧把铅笔削好才安心地去睡觉。她觉得这是妈妈让自己养成的好习惯，帮助自己端正了学习态度。

很多父母在削铅笔上会有顾虑。有的家长认为孩子还小，害怕会弄伤了孩子；有的害怕孩子把铅笔屑弄得到处都是；有的不放心孩子，怕他们削不好，于是就包办代劳，每天替孩子削铅笔。这些做法都会让孩子失去感受学习仪式感的机会，无法主动爱上学习，感受不到学习的乐趣。

刚刚上小学了，爸爸妈妈比他还要激动。开学前一天晚上，妈妈给刚刚准备好了所有的东西，只等第二天背着书包上学去。爸爸妈妈忙着准备东西的时候，刚刚在看着动画片，好像上学的事情跟自己没有太大关系一样。

第二天上课，刚上小学的刚刚自然很兴奋，他认真听课，好好写作业，跟小朋友们玩耍，度过了愉快的一天。放学回到家以后，他开始写作业。作业完成之后，他就开始看起了动画片，在书桌上留下了一堆东西让妈妈整理。妈妈把作业分类放好，又把铅笔削好，整整齐齐地放进了文具盒。就这样，整理书包、削铅笔之类的事情一直是妈妈代劳的，刚刚丝毫参与感都没有，好像那些铅笔自动就能变得尖尖的一样。

一次，妈妈因为工作需要出差两天。临走前，她嘱咐刚刚："爸爸工作忙，可能顾不上给你整理书包，你自己一定要把铅笔削得尖尖的哦。"

刚刚满口答应，可写完作业后，就把这些事情抛到了九霄云外，早早就上床睡觉了。第二天一起床，刚刚吃完饭后匆忙收拾自己的书包，一股脑儿地把所有东西都装了进去，他忘了削铅笔。

无巧不成书，这一天正好是老师的开学小测验，刚刚只好用自己非常钝的铅笔写着，字迹非常模糊。刚刚心里非常难过，回家后就乱发脾气。看到他这个样子，妈妈深感自责，认为是自己一味地代劳导致了孩子没有养成端正的学习态度。于是她决定从削铅笔开始，培养孩子自己整理东西的好习惯。

只用一个晚上，妈妈就教会了刚刚削铅笔。刚刚还亲自动手准备好了所有东西。第二天上课，打开文具盒时，刚刚看着尖尖的铅笔，不禁开心地笑了。

在学习上，孩子要有更多的参与机会，才能端正学习态度。所以我们要教会孩子而不是包办代劳。我们告诉他要做好迎接学习的充分准备，这样才能坦然面对课堂上的任何使用需求，使自己从容不迫，从而不会影响学习心情和效率。

6. 听课时要挺直腰板

中国有句俗话叫"站如松，坐如钟"，意思是说，一个人站要站得直，坐要坐得正。在课堂上，老师也常常会要求学生挺直腰板听课。一方面，孩子们正处于生长发育期，不正确的坐姿会影响他们的骨骼生长，另一方面，挺直腰板能够振奋精神，让注意力更集中，学习效率会更高。更为重要的是，挺直腰板，孩子才能感受到课堂庄严的仪式感，能够以更好的状态投入学习中。

奇奇上小学了，开学第一天，爸爸送他去学校。在学校门口，爸爸一本正经地告诉他："奇奇，不管今天老师讲课的内容是什么，你始终要挺直腰板去听，行吗？"

"为什么呀，爸爸？"

"因为挺直腰板对于一个学生来说非常重要。它不仅能够帮助你集中注意力，还能给你带来认真听课的信心。"

"好的，爸爸，我记住了。"

上课了，好多同学还像幼儿园时一样，自由散漫，有的同学甚至趴在了桌子上听课。只有奇奇不敢忘记爸爸的叮嘱，始终坐直着身子。临下课的时候，老师提了一个问题，很多同学都不会，奇奇却很快解答了出来。对于他的表现，老师很高兴，夸奖他说："很明显，这位同学上课认真听讲了，从他端正的坐姿就可以看出他学习态度很认真。大家要向他学习哟。"

听了这表扬，奇奇非常高兴，并且由衷地感激爸爸。放学回到家，奇奇立马就把这件事情说给爸爸听，爸爸也非常开心。

第二天，临进校门时，爸爸对奇奇说了同样的话。第三天、第四天……爸爸连着一个星期都这样告诉奇奇。奇奇也在爸爸的叮嘱下，养成了挺直腰板、认真听课的好习惯。他觉得，爸爸的叮嘱像极了自己的开课仪式，让他每天都保持端正的学习态度。每当他挺直腰板，就能获得前所未有的信心，渴望学到更多的知识。

坐姿不端正往往也是孩子内心想法的一个外在体现。通常情况下，对于重视的事情，我们总是打起十二分精神，因为它在我们心中很重要，需要认真对待。如果是我们不重视的事情，则会表现出懒怠的神色。孩子们也是一样，如果他们坐姿不端正，大多表明他们对所学的知识没有信心或者不感兴趣，对学习这件事情也没有应有的重视。所以我们要告诉孩子，只要学习，不论在课堂上，还是在家里，始终要挺直腰板，提醒自己认真对待。

　　肖肖是一个非常顽皮的孩子，一直对学习没有太大的兴趣。上了小学以后，他的学习态度仍旧不认真。每次上课，尽管老师不停地强调要挺直腰板听课，可他还总是一副懒洋洋的样子。老师几次跟肖肖的爸爸妈妈沟通，可肖肖不认真学习的态度始终没有改变。

　　因为在桌子上趴着听课，肖肖经常上课迷迷糊糊，有时都快要睡着了，听课效果极差。第一次考试，肖肖考试成绩非常差。这不仅让爸爸妈妈生气，肖肖自己也觉得很难过，他虽不好好听课，可从来没有想过自己会倒数第一。

下午放学回家，肖肖本以为爸爸妈妈会狠狠地批评自己，但让他没想到的是，妈妈不仅没有骂他，反而做了一桌子好菜。吃饭时，妈妈语重心长地对肖肖说："儿子，爸爸妈妈总是告诉你认真听课，可是你始终不听话。今天的成绩你也看到了，你怎么想呢？"

肖肖没有说话，只是不好意思地低下了头。妈妈接着说："爸爸妈妈不是非得让你成绩有多好，只想你能够多用点心，你能做到吗？"

肖肖点点头。爸爸说："明天你从改变坐姿开始，上课时挺直腰板，做到这一点后，你就会有很大的变化。"

看着满桌的饭菜，看着对自己充满期待的爸爸妈妈，肖肖心中一阵儿难过，决定要改变自己。

第二天上课，肖肖正要趴在桌子上时，就想起了昨晚的谈话，于是就挺直了腰板。这节课，他听得特别好，心里也非常开心，原来挺直腰板真的可以让人精神百倍。

挺直腰板这一看似简单的动作习惯，如果能够做到，对于孩子而言将很有帮助。挺直腰板听课，本身就是一个非常有仪式感的行为，是对课堂的尊重，对老师的尊重，代表着一个孩子的学习态度。所以作为家长，我们在平时一定要告诉孩子坚持挺直腰板听课，感受这种认真的学习态度所带给自己的帮助，让他充分体会到学习的仪式感。

第七章

点点滴滴，生活中的仪式感

　　生活中的仪式感，存在于生活的点点滴滴中，很多看似不起眼的生活细节，都是我们为孩子创造仪式感的好机会。生活在越有仪式感的家庭，孩子就会越幸福，父母应该重视每一件小事。利用生活的每一个细节去给孩子营造仪式感，让他感受我们的关爱和鼓励，从而获得无限的温暖和力量，满怀信心地去提升自己的能力，实现自己的梦想。

1. 每一个生日都值得纪念

在我们的生活中，总有一些日子是值得我们去纪念的，比如亲人的生日。庆祝亲人的生日，既是对亲人美好的祝福，也是对家庭生活的调剂。每一次生日庆祝，还可以给孩子营造仪式感，让他的幸福指数得以提升，这对他的健康成长非常有帮助。

每年农历五月初二，小庄的妈妈都会带着全家人回小庄的姥姥家吃饭，因为这天是小庄姥姥的生日。小庄家离姥姥家非常远，开车需要两三个小时，一天往返确实很累人，但是小庄一家人多少年来从来没有间断过。

有一年，小庄全家开车去给姥姥过生日，由于路上的颠簸，小庄感到非常疲劳，于是就问妈妈："妈妈，为什么我们每年要去给姥姥过生日啊？"

"因为过生日就得庆祝啊。庆祝姥姥又健健康康地长了一岁。"

"可是，姥姥和姥爷自己庆祝不就行了？"

"两个人怎么能有仪式感呢，就好像平时吃饭一样，不热闹的。"

"可是咱们太远了，每次都很累。"

"姥姥每年就这么一个值得纪念的日子，难道我们不该让她高高兴兴的吗？"

小庄不再说话，妈妈继续说道："生活中有了仪式感才会精彩，姥姥已经上了年纪，平时的活动项目非常枯燥，这样很容易就会觉得生活无趣。我们去给她过生日了，她会很高兴的。"

"哦，妈妈我知道了。等你老了，我也每年都陪你过生日。"

妈妈摸摸小庄的头，心里非常欣慰。

小庄的父母每年能不辞辛苦去给姥姥过生日，这对孩子来说本身就是一种仪式。其所产生的仪式感也已经在孩子的内心深处生根发芽。长大后，他也会是一个懂事、孝顺的人。

作为父母，我们在重视长辈生日的同时，对于孩子的生日自然也不该忽视。孩子正处于生长发育时期，他们每年都会有不同的变化，在生日这一天去专门记录他们的成长，这对孩子来说有着更为深刻的意义。我们可以通过纪念生日，见证孩子的成长，让他们自己认识生命变化的奇妙，知道生命多么美好，以及父母对他们的爱。这样他们会更加懂得珍惜生命。

从盼盼出生起，每年生日妈妈都会给他举办各种主题的派对，同时还会给他准备精美的礼物，包括新衣服。这让盼盼觉得每年生日都是一个全新的开始，仿佛第二天自己就像换了一个人似的，整个人的精神状态提升很多。

盼盼刚上小学的时候有些不适应，陌生的环境和不认识的同学总让他觉得孤独无助，于是逐渐对上学产生了排斥感。每天要出门时，他的脸上总是布满愁云，脚下也挪不动步子。爸爸妈妈鼓励了好多次，可情况始终没有好转，这让爸爸妈妈很是发愁。

　　突然，妈妈好像想到什么似的，说道："过几天不是盼盼的生日吗？或许我们可以给他好好庆祝一下，让他从仪式感中获得一些信心和勇气。"

　　"这也许是个办法。"

　　生日那天，爸爸妈妈给盼盼布置了一个"我是小学生"的主题生日派对，他们邀请了几个亲戚朋友，还有盼盼的几个小玩伴。为了让盼盼见证自己的成长，爸爸妈妈还特意剪辑了视频。

　　派对开始了，盼盼在小伙伴的簇拥下来到场地中央，这时墙上的投影开始播放他的成长历程，从襁褓婴儿开始，一点点长大，最后画面定格在盼盼身穿校服的学生照上。盼盼看着画面，内心格外感动。他看到了自己的点滴变化，感到既新奇又感动。

　　妈妈说："儿子，这是你上小学后的第一个生日，过了今天，你就真正地长大了。爸爸妈妈希望你越来越勇敢，成为真正的男子汉。"

　　看着妈妈充满期待的目光，盼盼觉得自己瞬间好像长大了许多。接着小伙伴们纷纷拿出自己的礼物。盼盼开心极了，心想："我是小学生了，如果小伙伴们知道我排斥上学，是不是会笑话我呢？不，我可不能让大家笑话。"

　　第二天早上，盼盼还沉浸在昨天的欢乐气氛中，浑身充满力量。他一骨碌起了床，然后洗脸刷牙，吃完饭后就准备去上学。他的变化让爸爸妈妈着实吃惊。盼盼说："我已经过了生日，长大了。我要去做小学生了，好好学习。"

　　我们要关注每一个家庭成员的生日，因为它无论对我们还是对孩子都有着不同寻常的意义，值得纪念。庆祝生日所带来的仪式感能够让我们感受生活的美好，让我们从平淡中寻找到乐趣，也能够让孩子逐渐去理解生命的奥秘，给予他更多的精神鼓舞。

2.孩子有梦想才会有方向

人们常说，梦想的力量是强大的。人有了梦想之后，才会有为目标和理想奋斗的信心和勇气。有梦想的人，眼睛总是明亮的，因为他们怀揣乐观、满怀希望。即使遇到再大的困难，他们也会努力攀登，永不放弃。我们大人有自己的梦想，孩子也有自己的梦想。孩子的人生才刚刚开始，未来充满了各种可能性。这时孩子如果没有梦想，心中可能就会感到迷茫，不知道自己将来要干什么、能干什么，想努力却没有方向感。这种状态下，孩子很可能就会产生懈怠心理，放松对自己的要求。因此，我们需要帮他们树立梦想，鼓励他们朝着梦想的方向努力。

小伟自从上了三年级之后，在学习上就越来越不用心了。人们都说，三年级是分水岭。小伟的成绩一直没有提升上去，这让妈妈感到很苦恼。

妈妈觉得小伟一直不好好学习，是他没有梦想的缘故，没有梦想也就没有了努力的动力和方向。于是妈妈决定帮助小伟树立梦想，从而对他起到激励的作用。

这天，妈妈买来了一些装饰用的贴纸。小伟放学回家后，妈妈告诉他在贴纸上写下自己的梦想，并让他在写之前认真地想一想自己将来想要干什么，想过什么样的生活。妈妈告诉小伟："你要先从小梦想开始，然后再大一点儿，最后到你的终极梦想。这样一步步去实现。"

在妈妈的帮助和鼓励下，小伟写好了自己的梦想，并且跟妈妈一起贴在了墙上。妈妈还让他在梦想时间轴前面举行了一个小小的宣誓仪式，并给他记录了下来。

从那天以后，小伟学习的主动性明显提高了不少，而且整个人的状态也很好。他说："自从妈妈帮我记录了梦想以后，我感觉自己好像充满了力量。"

看到他的变化，妈妈由衷地感到欣慰，她觉得只要孩子有了梦想，有了方向，一定会越来越好的。

生活中，如果我们想让孩子因为梦想而努力，就要帮助孩子树立切实可行的梦想。孩子还小，他对未来的事情还没有一个清晰的认识，就像我们小时候梦想进入太空，梦想长生不老一样，他们并不知道这个梦想实现的可能性有多大。如果孩子的梦想太大、太笼统，在孩子的头脑中无法形成清晰的概念，梦想就起不到相应的激励作用。孩子在一天天长大，当他明白自己的梦想根本不可能实现时，反而会因此失去努力的信心。

　　希希马上就要上小学了，为了激励孩子好好学习，妈妈特意在家给他举办了一个入学仪式，其中有一个环节就是让希希宣读自己的梦想。妈妈希望在众人的见证下，希希能够为了自己的梦想而好好学习。

　　到了宣读梦想的时候，希希走到众人中央，高声地说："我要好好学习，将来做太空超人。"他说完之后，大家纷纷鼓掌，不过谁也没有在意他的这个梦想会不会实现。妈妈问道："你能为了这个梦想努力学习吗？"

　　希希一脸认真地说："当然能了。"

　　妈妈想，只要孩子愿意努力就好，姑且不用太计较他的梦想是什么。

后来，希希通过读书看电视发现，世界上不仅没有超人，就连进入太空都并非易事。当他看见宇航员经过艰苦训练和培养才能进入太空后，更清楚了去太空的难度。希希的梦想一下子就破碎了。

知道了自己的梦想不可能实现后，希希虽然嘴上没说什么，但是精神上却放松了很多，学习的劲头也慢慢弱了下来。

对孩子来说，梦想是人生的灯塔，是人生的旗帜。对于我们家长来说，既要时刻关注孩子的梦想，帮助他学着规划自己的未来，让孩子清晰地知道自己为什么而努力，同时也要注意不要让孩子的梦想太不切实际。另外，随着孩子的成长，他们的梦想也会有所改变，这时候，我们也要及时引导他树立新的梦想，始终鼓励孩子在对的方向上努力前行。

3. 教会孩子每一个礼貌的称呼

讲文明懂礼貌是中华民族的传统美德，也是一个人为人处世的基本准则。如果一个孩子待人处事总是彬彬有礼，不仅会受人称赞，他的人际关系也会非常和谐。相反，如果一个孩子不懂礼貌，甚至出口成"脏"，那他自然不会给人留下好印象，在为人处世上自然也会处处碰壁。在社交场上，人们通常更愿意与讲文明、懂礼貌的人相处，因为礼貌的称呼和用语往往让人的内心感到舒适。

我们要让孩子礼貌地与人说话，将其上升到"仪式"的地位，并让其所产生的仪式感深入孩子的内心，从而提升孩子的自我修养。

小雪是一个人见人爱的孩子，从她很小的时候开始，妈妈就教她礼貌用语。跟人打招呼时要说"您好"，别人帮助了自己要说"谢谢"，见到年轻人要喊叔叔阿姨，见到老年人要喊爷爷奶奶……小雪也很听话地去做。

一次，小雪和妈妈，以及妈妈的同事和孩子四个人去郊游。那一天天气非常热，他们准备的水都喝完了，孩子们还直嚷嚷着口渴。他们帐篷的不远处有几户人家，院子外正有几位老人忙碌着，于是小雪的妈妈说道："既然你们口渴了，那就去那边讨点水喝吧。之前我来过这里，村子里的人很朴实、很热情的。"

话音刚落地，妈妈的同事带来的小男孩箭一般地飞了出去，没一会儿工夫就回来了。

看到他喝到了水，小雪也去了。等她回来的时候，小雪的妈妈发现她还拿着一个苹果，于是就惊讶地询问原因。

"那个老奶奶说我有礼貌，送给我的。"小雪说道。

"可是她怎么没送我苹果呀？"妈妈的同事家的男孩一脸不高兴地说。

"那你是怎么跟人家讨水喝的？"

"我就问：你家有水没？给我喝一口。然后那位老奶奶就给了我一杯水。我喝完之后就回来了。"

听到他的话，大家又无奈又想笑。他妈妈带着责备的语气说："谁让你不叫人家奶奶呢？那你自然吃不到苹果了。有礼貌的孩子才讨人喜欢呢。"

男孩儿羞愧地低下了头。

在对孩子的礼貌教育上，很多父母认为，礼貌性的称呼没有必要刻意去教，孩子在生活中很自然地就能学会。然而事实并非如此，也许一些细心的孩子会学着爸爸妈妈的样子去有礼貌地称呼别人，但是也有一些孩子，对这些细节问题并不留心，不能学会礼貌地称呼他人。

东东是家里的小霸王，爸爸妈妈对他十分宠爱，因此，东东在平时总是骄横跋扈，与人交往丝毫没有礼貌可言。东东的妈妈也听到朋友的提醒："你该管管东东了，孩子都上小学了，该有的礼貌也应该懂了。"可东东的妈妈却总是微微一笑，回道："等他长大自然就懂了。"

一次，东东的同学邀请东东和妈妈去参加生日会，妈妈带着东东很高兴地去了。刚到同学家时，同学的妈妈开门欢迎，可东东招呼都没打直接冲进了屋里，他的妈妈也只好尴尬地笑了一下。中午吃饭的时候，在饭桌上，东东只挑自己喜欢的东西吃，有时他喜欢吃的那道菜自己够不着，他就会冲着离菜近的人喊："你给我弄点那个菜！"但是大家都不知道他在跟谁说话。最后，一位阿姨反应过来了，问道："你是在跟我说话吗？"

"对呀，就是你。"东东毫不客气地说道。

看着东东这样的表现，妈妈自然也很难为情，一个劲儿地提醒东东："要叫阿姨！"

饭后，东东的妈妈去了卫生间，回来时正好听见两个同学家长在那小声地说着："真是没有教养，长大了说不定会成什么样子呢。"

东东妈妈心里很气愤，又很难过。回家的路上，妈妈越想越气，就批评东东说："你这么大了，怎么这么不懂礼貌呢？叔叔阿姨总该会叫吧？"

一向娇惯的东东怎么能受得了妈妈这样的口气，哭着说道："这能怪我吗？你又没有教过我！"

父母是孩子的第一任老师，作为家长，我们不仅要教他学问，还要教他做人。如果我们从小没有培养孩子养成讲文明懂礼貌的好习惯，那么不仅他在小时候不受人欢迎，长大之后人际交往也将受阻，相信这都不是我们所愿意看到的。如果我们希望自己的孩子越来越好，就一定要教会他有礼貌地称呼别人，这样才会得到别人同样有礼貌的回应。

4. 让孩子自己睡

大多数父母在孩子小的时候，是让孩子和自己睡在一个房间的，这样便于照顾孩子。当孩子大一些的时候，出于健康成长的考虑，我们应该让孩子自己睡一个房间，这样有利于孩子独立性的培养。

然而有些孩子已经习惯和爸爸妈妈睡在一起，对父母产生了依赖，他们会很抵触自己一个人睡觉，于是如何让孩子心甘情愿地分房去睡，就成了很多父母重点关注的问题。

兵兵从出生就一直跟妈妈睡在一起，从来没有分开过。兵兵很依赖妈妈，有时候妈妈不能陪着，他自己就睡不着。

兵兵上了小学后，妈妈准备让他自己睡一个房间。第一次分开睡，兵兵还很好奇，很痛快地想要体验一番。结果睡到半夜，他就抱着被子跑回了妈妈的房间，说自己太怕黑了。有了这次的体验，兵兵再也不想尝试自己睡了。但为了让兵兵成长，妈妈狠下心让他回自己的屋里去睡。这下兵兵的感觉更糟糕了，吓得哇哇直哭。

不过，妈妈还是想到了一个好主意。她想：或许给兵兵把房间布置得让他喜欢一些，他那紧张的情绪也许就缓解了。为了保证万无一失，妈妈还特意给兵兵举行了"分房仪式"，并且允许他自己布置自己的房间。因此，兵兵就高兴地答应了。

在妈妈的帮助下，兵兵先是给房间贴上了自己喜欢的壁纸，贴上了自己的奖状，还买了几件自己喜欢的漫画人物挂在旁边。为了布置房间，妈妈一直将其作为最重要的事情忙了好几天，让兵兵感觉到了非同一般的仪式感。

自己睡在房间的第一天，兵兵最初仍觉得有些害怕，可是一想到连日来的忙碌和妈妈的期望，于是就硬着头皮闭上了眼睛。过了艰难的第一夜后，兵兵感觉好了很多，第二天、第三天依旧如此。最后，他终于敢自己睡觉了。

生活中，很多父母宠爱孩子，舍不得让孩子自己睡，这对孩子的成长是极为不利的。经常跟父母睡在一起的孩子，会缺乏独立性，也不会懂"儿大避母、女大避父"的道理，甚至有时还会造成性别角色上的错位。所以，为了孩子的健康，我们必须掌握好爱的度，用适合孩子成长的方式去呵护他。

丁丁的妈妈是一个非常温柔细致的人。生活中，她把丁丁照顾得无微不至。当丁丁上了小学后，她还不敢让他独自睡一间房，冬天怕他踢被子，夏天担心他太热。

有一天，妈妈的朋友来家里做客，正好看见丁丁走过来，就逗她说："丁丁，你长大了娶媳妇不？"

"不娶，我要跟妈妈结婚。"丁丁很干脆的回答引得众人笑了起来。

之后有好几次，每当提到这个话题，丁丁总说长大后要娶妈妈，和妈妈结婚。这下妈妈才意识到自己长时间和孩子睡在一起，使孩子产生了性别角色错位。想到这里，她下决心让丁丁自己睡。

　　为了不让丁丁有抵触心理，妈妈想到了一个好方法。她对丁丁说："儿子，妈妈有一个重要的任务交给你做，不知道你能不能胜任？"

　　"什么任务？"

　　"妈妈要在家里布置一个儿童房，等家里有客人时给小朋友住。可是妈妈不知道小朋友喜欢什么样的风格，你能帮妈妈吗？"

　　"当然可以。"丁丁很高兴地接受了任务，并且很用心地开始布置，很快房间就布置好了。因为房间是完全按照自己的喜好布置的，丁丁也非常喜欢，于是就向妈妈请求自己在这小房间里睡。妈妈开始假装不同意，说这是留给客人的。后来在丁丁再三的请求下，妈妈才答应了他。

　　就这样，丁丁愉快地住进了自己的小屋。

对于孩子来说，到了一定的年龄去睡自己的小屋并不是一件难事，关键是看我们怎样去引导。如果我们能够调动起孩子的积极性，让他自己动手去装饰自己的小屋，这种仪式感会给他带来很大的信心和勇气，分房这件事轻而易举地就完成了。

5. 郑重出席孩子的活动

随着孩子自我意识的不断增强，他们越来越渴望得到他人的重视与尊重，尤其希望父母能够重视自己。因为父母的重视体现的不仅仅是对孩子的疼爱与关怀，还有对孩子的认可与肯定。当我们像对待成人一样，很认真地对孩子说一件事或做一件事时，他们心中会产生莫大的自豪感。

桐桐上小学一年级了，背上小书包去上学的他格外开心。入学一周后的一天，他放学回来，对妈妈说："妈妈，我们学校周三要举行入学典礼，你能来参加吗？"

"当然能啊，为了我的儿子，妈妈必须去。"妈妈很开心地回答。

见妈妈答应了，桐桐心里非常开心。

第二天，桐桐上学以后，妈妈就去逛街了。她给自己买了新衣服，也给爸爸买了新衣服，并为参加儿子的入学典礼准备着。

周三早上，爸爸和妈妈都换好了新衣服，要去送桐桐上学。看到他们的装扮，桐桐非常惊讶："一个入学典礼而已，你们没必要打扮这么隆重吧？"

"怎么没必要？这可是你的入学典礼，这意味着你的学习生活从此开始了，我们必须要郑重出席。"

听了这话，桐桐虽然嘴上没说什么，但是心里却是非常高兴的。典礼进行过程中，爸爸妈妈一直认真地听着校长的讲话，就好像在参加一个重要的会议一样，满满的仪式感。桐桐突然觉得，自己成为一名小学生是一件多么值得骄傲的事情；在成长的过程中，爸爸妈妈对自己寄予了无限的关爱与期待。于是他暗暗告诉自己：我一定要好好学习，不辜负爸爸妈妈的期望。

孩子在成长过程中，我们要特别注意维护好孩子的自尊心，尤其在公共场合，更要尊重孩子，注意自己的言行，让孩子感受到我们对他的重视。哪怕对孩子有不满，也要尽量回家以后再进行教导，以免自己的批评指责对其心灵造成伤害。

静静的妈妈是一个十分随意的人，她对任何仪式都不大看重，即使是关于孩子的重要事情，她也是如此。她总说："又不是什么大不了的事情，没必要那么郑重其事。"

　　静静上小学的时候，学校每个月都要召开一次家长会或组织一些家校联合活动。对于这些活动，静静的妈妈从没重视过，更别提精心准备了，她总是上下班的时候顺便去看一下，有时候为了节省时间，甚至穿着工作服来到学校，这让静静心里很不开心。有时候，她会跟妈妈说："难道您就不能换件干净的衣服再来吗？时间又不是很紧张。"

　　"我参加完活动顺便就去上班了，懒得再回家换了。怎么，嫌妈妈给你丢人了？"

　　"没有。"静静很小声地回答说。

　　有一次，学校举行家长会的时间正好是静静的妈妈下班后不久，她决定开完家长会再回家，所以又一次穿着工作服去参加活动了。正好那天，她的工作服满是油污，而且气味非常浓重，引起了很多人的反感。

家长会结束以后，静静就听到了家长们对妈妈的议论，心里难过极了。妈妈看出了女儿的不开心，便问她原因，但静静始终不说话。回到家以后，妈妈还在追问她，静静才说："妈妈，你下次去学校能不能穿一身干净的衣服，工作服也没关系，至少干净点吧。你从来没有重视过我。"

看着伤心哭泣的女儿，妈妈这才明白，一直以来，自己太忽略孩子的感受了，心中不免十分愧疚。

一个月后，学校又组织家长会，静静的妈妈不仅穿了一身干净的衣服，还特意简单地化了妆。看到妈妈的装扮后，静静先是一怔，然后开心地笑了。

家庭是孩子成长的摇篮，是孩子心灵的港湾。我们对孩子的关怀不仅包括身体上的照顾，还有心灵上的重视。我们要认真对待他的每一次活动，争取给他营造各种仪式感，让他从中获得爱与勇气，健康快乐地成长。

6. 招待好孩子的朋友

一些父母认为，孩子始终是孩子，不懂得什么叫自尊和面子。但现实却并非如此，尽管孩子不会直接表达出来，但他们在心里还是希望家长给予足够的尊重。和成人一样，孩子也希望在朋友面前父母能给予自己足够的面子。

星星上小学了，新认识了不少同一个小区的同学，大家在一起玩得蛮开心的。于是星星就想在周末约大家到家里来玩。他问妈妈："妈妈，我想在周末约几个同学来家里玩，他们只来玩一会儿就走，行吗？"

"当然可以了，跟同学搞好关系是好事儿。"

星星听完，高兴地走了。第二天是周五，妈妈特意去超市买了好多蔬菜、水果和零食，还去蛋糕店订了一个小蛋糕。

周末很快来了，小区里的同学们按照约定时间一一上门。星星妈妈端出了果盘，拿出了零食招待大家，还告诉小朋友们，不要拘束，尽情地玩耍。这一切都让星星有些不敢相信。因为他知道妈妈是一个非常喜欢安静的人。

午饭时间就快到了，星星妈妈问道："孩子们，你们愿意在阿姨家吃饭吗？大家可以多玩一会儿，如果你们愿意，阿姨现在就给你们的爸爸妈妈打电话，告诉他们你们中午要在这里吃饭了，不要担心。"

孩子们纷纷表示愿意。于是，经过一顿忙碌之后，饭菜都上了桌，小朋友吃得可开心了，尤其是星星，一会儿给这个同学夹菜，一会儿又给那个同学夹菜，脸上充满了喜悦。饭后，孩子们还吃到了庆祝相识的蛋糕。

下午，同学们都走了，星星特别感激地说："妈妈你真是太好了，我永远都不会忘了今天这个开心的日子。"

有时候，我们的举动会在孩子的心中掀起巨大的波澜，就像上面案例中的星星一样，妈妈只是简单地准备一些食物，招待一下他的朋友，但在孩子心中，这是对自己充满仪式感的尊重和肯定，也是一种对他莫大的鼓励。从此之后，孩子会更有勇气去交友，也更有勇气去做自己。

相反，如果我们没有好好招待孩子的朋友，孩子就会认为我们对他交友的事情是不认可的，在朋友面前自己的颜面受到了伤害，从而还可能会产生自卑心理。

龙龙的妈妈是一个很强势的人，在她眼中，龙龙始终是个小孩儿。虽然他已经上了小学六年级了，可妈妈还是把他当成小孩子那样管教。

一个周末，龙龙约了几个同学到家里玩，他们说好先玩会儿玩具，再看一会儿动画片，然后再到小区里玩。

当大家在客厅里玩的时候，龙龙的妈妈觉得他们有些吵，便走过来制止道："你们几个小声点，阿姨都不能睡觉了。"

孩子们听后，脸上都露出了不好意思的神色，并压低自己的声音。过了一会儿，他们看起了动画片，虽然声音很低，可龙龙的妈妈在卧室里还是听见了。她又走出来说："你们快别看了，到外面去玩吧。"

“妈妈，我们再放小点声音行吗？”龙龙用央求的语气问道。

“不行，快去外面玩吧，天气挺好的。”

于是大家面面相觑，开始向门口挪动脚步，龙龙眼看无法挽回局面，只好也跟着去了外面。

过了一会儿，龙龙怒气冲冲地回来了。妈妈问道：“你怎么了，一脸不高兴？”

“我跟他们说下周再来我家玩，可他们说再也不来了。你今天太让我没面子了。”

“小小年纪懂什么面子。”妈妈没有理会就去忙了。

从那以后，龙龙再没有领同学来过家里，也不再主动跟妈妈说什么事情，因为他觉得妈妈不懂得尊重自己。

生活中的一些点滴行为，我们可能不在意，但对孩子来说，可能却是刻骨铭心的大事。所以在对待和孩子相关的事情上，我们要格外慎重，我们要尊重他的决定和行为，尤其是在他的同学、朋友面前，更要给予他足够的理解与尊重。

第八章

美好的回忆，节日里的仪式感

我们的生活是多彩的，因为许多的节日给我们带来了不一样的仪式感。尤其是孩子，他对节日气氛感受更加强烈。作为父母，我们想让孩子快乐成长，就要陪他过好每一个节日，生日有礼物、春节有红包……每一个节日都让他感到幸福快乐，这样，他的心中就能留下最美好的回忆。

1. 宝贝，春节记得向爷爷奶奶问好

对于中国人来说，礼节最隆重、仪式最多的节日非春节莫属了。每年春节，大大小小的车站里总是人山人海，人们即使跨越千山万水也要回家过年；大街上，张灯结彩，到处洋溢着喜庆的味道；饭桌上，美味佳肴，笑声朗朗……

对于我们来说，春节是一个团圆的日子，是一个充满了情怀的节日。然而在今天，对有些孩子来说，春节就是寒假的一部分，而家、团圆、亲情等要素变得越来越模糊。所以，作为家长，我们要尽可能在春节的时候给孩子营造节日的仪式感，让春节回归传统，成为他们心中最美好的回忆。

从小海记事起，每年他们全家都要回奶奶家过春节，今年也不例外。奶奶家在乡下，小海家住在城里。大年三十那天，爸爸结束工作之后，就带着妈妈和小海动身前往奶奶家。这个时候，小海内心又高兴又激动，因为他知道，每次进家，等待他们的总是一桌子的美味佳肴 。

到了奶奶家，虽然妈妈告诉过他大年初一要拜年，可小海总是迫不及待，一进家门就喊"爷爷奶奶新年好"，这时奶奶总会说："明天再给奶奶拜年，奶奶给你一个大红包。"

大年三十晚上，小海说要跟大家一起守岁，可没过多久就困得不行，躺那儿睡着了。第二天早上，他一骨碌就爬起来，赶紧喊爸爸妈妈起床，然后他们一起到爷爷奶奶的屋里拜年。爷爷奶奶和往年一样，准备了很多红包，在屋里等着晚辈们。小海兴奋地大声说："爷爷奶奶，过年好！"他跪在地上给爷爷奶奶磕了一个头，然后就一下子被奶奶拉过去搂在了怀里，爷爷笑呵呵地把一个大红包塞给了他。

小海喜欢回爷爷奶奶家过春节，喜欢给爷爷奶奶拜年的方式，他认为这种方式充满了仪式感。多年以后，小海已经长大了，而爷爷奶奶也早已离开人世多年，但每每回忆起当年给爷爷奶奶拜年时的情境，他依然会热泪盈眶。

春节是一个喜庆的日子，也是家长对孩子进行孝道教育的日子。我们带孩子回家过春节，一个重要的目的就是回去陪伴爷爷奶奶和其他长辈。我们应该让孩子感受这种仪式感，让他明白有家人才有年味儿，孝顺长辈才是过年最重要的内涵。这种仪式感一旦深入孩子的内心，无论以后他走到哪里，即使不能回来和长辈团圆，也会通过打电话的方式给家里的长辈拜年。

　　旭东的爸爸在一家跨国企业上班，去年因为工作调动关系，被派往了国外，于是旭东全家也跟着去了国外。遥远的距离让回家过年变成了难题。当听到爸爸说工作太忙、距离太远，今年没有办法回家过年的时候，旭东几乎都要哭了。他非常想念爷爷奶奶，想念在爷爷家过春节的快乐时光。

　　临近春节，虽然外国人并不过春节，可爸爸妈妈还是通过各种渠道买来了窗花、春联和灯笼，全家人也都买了新衣服。大年三十这天晚上，他们一家人围坐在一起包饺子。爸爸说："虽然我们身在异国他乡，可是我们还是要过春节的，仪式可不能少。"

　　旭东很高兴地答应了。

　　第二天早上，旭东还在睡梦中就被爸爸叫起来了："宝贝，快来给爷爷奶奶拜年，今天可是大年初一。"旭东的精神头一下子就来了，拿起手机，通过视频，隔着屏幕向爷爷奶奶拜年问好。

　　尽管他们不能回国过春节，但爸爸妈妈通过视频电话方式所营造的仪式感却让旭东得到了极大的满足，他觉得这个春节过得同样有意义。

在中华民族的所有节日中，拜年习俗是春节所特有的，也是春节最具有仪式感的礼仪之一。只要这个仪式感深植于孩子的内心，那么无论将来孩子长多大，离家有多远，在春节来临的时候也会想到这个仪式，会通过各种方式给长辈拜年，也会回忆起小时候给爷爷奶奶及长辈拜年的美好时光。

2. 宝贝，今天我们吃粽子

端午节是我国又一个传统节日，流传有很多习俗，比如吃粽子、挂艾叶菖蒲、赛龙舟等，人们通过这些活动为节日增添了几分热闹。通常来说，孩子是最爱过节的，他们会因为节日所带来的仪式感而开心不已，而我们作为父母，应该让孩子在童真的年代享受这份快乐，给他的人生留下一段幸福、美好的回忆。

婷婷的妈妈知道婷婷是一个非常爱热闹的孩子，总喜欢在节日里做点什么，所以每次过节总给她安排得妥妥当当。这一年的端午节快到了，妈妈早早就准备好了糯米、蜜枣和艾叶，准备全家一起包粽子。

　　到了端午节早上，全家围坐在一起。妈妈端来提前浸泡好的糯米和蜜枣，大家就开始包起粽子来。只见艾叶在每个人的手中来回折叠着，很快形状各异的粽子就装满了笼屉。这时候，热闹也开始了。"你们看，爸爸包的粽子还是没有长进，像一块长方体的石头。""妈妈，你不要每次都把这个艾叶的尖儿露在外面好吗？""哎呀呀，这个粽子的绑线太松了，一会儿蒸熟的话，糯米一定会跑出来。"……大家都认真地听着婷婷的"评论"，有时也会反驳几句，但一家人别提有多欢乐了。

端午节后，婷婷带上几个粽子给同学们分享："你们快尝尝，这可是我自己包的。"

"想吃买几个不就得了，何必费那么多时间和精力呢？"

"这你就不知道了吧？我妈妈说，节日一定要有仪式感。你想想看，咱们还能有多少日子跟父母在一起包粽子呢？在一起的时光可是咱们最美好的回忆呢。"

很多时候，端午节所带来的仪式感会给孩子留下深刻的印象，他也会从中感受父辈、祖辈对他的爱。孩子长大了，每当回想起自己的童年，他会因为我们的一句"宝贝，今天我们吃粽子"而感动不已，这可能成为他人生中宝贵的财富。

丽丽对端午节的情感很深，每到端午她总会提起自己的童年往事，脸上也总会洋溢出幸福的笑容。

小时候，丽丽家在农村。端午节的粽子都是家里人自己包的，艾草也是爸爸亲手从地里采的。那时候，丽丽对节日并没有特别的关注，但是她知道，只要某天早上醒来发现自己的耳朵上挂上了艾草耳环，那这一天一定是端午节了。因为爸爸用挂艾的仪式告诉她：今天是端午节，祝宝贝身体健康，没有病痛。起床后，每次还不等她开口说话，妈妈总是笑容满面地说："宝贝，今天我们吃粽子。"

"我已经知道了，喏，你看。"她指着自己耳朵上的艾草环对妈妈说。这个时候，她觉得自己是最幸福的小孩，因为爸爸妈妈的爱紧紧地围绕着她。

丽丽长大后就离开了家，每到端午节的时候，不会再有人给她挂艾草环了，甚至没有时间包粽子。这个时候，她不禁开始怀念小时候端午节的清晨，想起爸爸妈妈对自己的那份爱。

孩子总会长大，总会离开父母，去寻找自己的梦想，曾经的小孩子也会成为爸爸或妈妈。而我们父母则应该在孩子还小的时候，在端午节给予他足够的仪式感，让他感受到父母长辈对他的真诚祝福。这样，当孩子长大之后，每当端午节来临的时候，他也会像我们一样，陪他的孩子度过一个有意义的节日，把长辈之爱赋予到端午节的"仪式"中，让这种爱得以代代相传。

3. 宝贝，儿童节快乐

六一儿童节，一个专为孩子设立的节日。在这个充满欢乐、童趣的节日里，孩子的内心肯定也特别期待这一天的到来。这一天，孩子可以享受假期，可以用表演节目等方式来庆祝自己的节日。当然，让他们更期待的是，这一天爸爸妈妈也会给他们带来惊喜，营造出儿童节专属的仪式感。有了这种仪式感，孩子在感受童年美好的同时，也能体会到父母和家人对自己的关爱，懂得要珍惜来之不易的幸福生活。

　　每年的六一都是小娟最开心的日子之一。尤其今年，她第一次以一名小学生的身份过这个儿童专属的节日，心情就更别提有多激动了。

　　小娟在学校的节目是班级大合唱。早上，妈妈很早就起了床，给小娟做好早饭以后，又把小娟的演出服熨烫平整。小娟吃完饭以后，妈妈很用心地帮她化好了妆，然后就送她去学校。看着妈妈忙前忙后，小娟觉得很有意思，说："妈妈，太谢谢你了。我感觉我今天就像明星，你就是我的贴心助理。"

　　"好吧，那我今天就当你一天的助理好了。"

　　中午放学，妈妈对小娟说："宝贝，今天是你的节日，我可以尽量满足你的想法。说吧，想吃什么？"

　　"汉堡、炸鸡、奶昔、水果捞……"

　　"好的，随便你点。谁让今天是你的节日呢。"

　　吃完饭后，妈妈又带着小娟去了游乐场。小娟玩得非常尽兴，晚上回到家以后，已经累得不行，恨不得马上就去睡觉。她强撑着吃过晚饭，回到了自己的卧室，竟然发现枕头边静静地躺着一份礼物——央求妈妈好久的一个芭比娃娃。小娟这才想到，怪不得前几天跟妈妈要，妈妈就是不答应买呢，原来她是想给自己一个惊喜。

搂着心爱的玩具，小娟甜甜地睡了，闭上眼睛的那一刻，她觉得自己今天实在太幸福了，快乐得就好像做梦一样。

在当今这个物质极为丰富的年代，孩子平时不愁吃穿，他所得到的玩具也数不胜数。但是在六一国际儿童节这天，他还是希望能收到来自父母的礼物，那样他的快乐就会加倍。节日的仪式感往往更容易感动孩子，也更容易烙印在他的心中。孩子的童年时光很短暂，所以我们要尽可能让他快乐度过，长大回想起童年时尽是美好。

当然，在这个快乐的节日里，还有一个更具有仪式感的项目，那就是陪伴。有爸爸妈妈陪伴的节日是快乐的。陪伴是爱的基础，爱是快乐的基础。如果孩子的快乐无人分享，那他的快乐就会大打折扣。

六一国际儿童节到了，燕燕像往年一样，收到了妈妈寄来的新衣服和新鞋子，可是她却怎么也高兴不起来。

原来，燕燕是一个留守儿童，爸爸妈妈到外地打工，每年只有过年才回来几天，平日里她和爷爷奶奶住在一起。俗话说"每逢佳节倍思亲"，在这个专属儿童的节日里，燕燕更想念爸爸妈妈了，尤其是看见别的小朋友在妈妈怀里撒娇的时候，她感到非常失落。

晚上，妈妈打来电话，问道："宝贝，妈妈给你买的衣服合适吗？"

"合适。"

"那怎么听你不太开心呀？今天可是你的节日呢。"

"别的小朋友都有爸爸妈妈陪着过节，可你们一次都没有陪过我。"燕燕说着就哭了，妈妈听了也满是心酸，赶紧安慰说："宝贝，别哭了，妈妈虽然回不去，可是送你礼物了啊，妈妈是爱你的。"

"可是我并不想要什么礼物，我只想你站在我的面前祝我节日快乐。"

听着燕燕的哭诉，妈妈答应她明年一定会陪她过儿童节，给她最好的陪伴。燕燕这才慢慢平复下来，心情也才有所好转。

所以，我们想让儿童节给孩子留下更美好的回忆，在给孩子精心准备礼物的同时，一定不要忘了对孩子的陪伴。这样，在孩子心中，节日也才具有仪式感，也才能体会到爸爸妈妈的关爱和呵护。

4.宝贝，今天咱们吃月饼、看月亮

中秋节也叫团圆节。在这一天，人们习惯全家人团聚在一起吃月饼、看月亮，享受阖家团圆的美好时光。另外，在这个节日，爸爸妈妈还会带着孩子去走亲戚，给长辈们送礼物。对于孩子来说，关于中秋节的记忆都是来自家长为他们营造的浓浓的仪式感。在仪式感的感染下，关于中秋节的点点滴滴都渗入孩子的记忆深处，并成为他难以忘怀的瞬间。

小美的妈妈是一个非常注重仪式感的人，不论大小节日，她都很认真地对待。这一年的中秋节又快到了，妈妈又像往年一样忙碌起来。她几乎每天都会去超市购物，今天买点这个，明天买点那个，为中秋节做着准备。小美见妈妈比往年更忙碌，于是问道："妈妈，你今年怎么买了好多东西呀？"

"妈妈今年准备给你过个特别的中秋节。"

"特别？"

"对呀，咱们今年自己做月饼好不好？"

"太好了！"小美高兴得蹦了起来。

中秋节那天，妈妈很早就起床准备了。她和好了面团，又拌好了各种馅料，然后叫小美一起来包月饼。之后，她们又用模具压出花型，最后进行烤制。小美以为这就结束了，可妈妈却说："咱们还有一个大任务没有完成呢！"说着她又拿出一大块儿面团，接着说，"咱们还得做一个大团圆饼呢。"

"对哦，每年中秋都要吃的。"

几个小时后，小美和妈妈终于合作完成了团圆饼的制作。晚上，全家人坐在一起，品尝着自己亲手烤制的团圆饼，欣赏着天空中皎洁的明月，每个人的心中都洋溢着幸福。

孩子的幸福感有时很简单，只要我们用心去做，他就会铭记在心里，成为一生美好的回忆。作为父母，我们希望孩子永远都被幸福感所包围，所以与他在一起的每一个中秋，我们都要格外珍惜，尽量给他营造一种特别的仪式感。

岚岚小时候也和别的孩子一样，是爸爸妈妈手心里的宝。妈妈会想尽办法让她开心。岚岚不喜欢吃买的月饼，妈妈在每年的中秋节都会亲手给她做。在做之前，妈妈总要问岚岚："今年的月饼吃什么馅儿？"虽然对许多父母来说，这并不算什么难事，可在岚岚心中这却是一种特别的仪式，因为这里面包含着妈妈对自己的爱。

后来，岚岚回到了奶奶所在的城市上学，因为距离问题，没有办法回家去过中秋了。她也知道，爸爸妈妈工作忙，也不能回奶奶家。所以在临近中秋节的那几天，岚岚心中倍感失落，每天晚上躺在床上，她总仿佛听到妈妈在问："今年的月饼吃什么馅儿？"

中秋节到了，岚岚闷闷不乐地回到奶奶家。虽然奶奶对她很好，可她还是止不住地想念爸爸妈妈。中午吃过饭后，岚岚懒洋洋地在屋里睡着了。不知道过了多久，她迷迷糊糊听到有人在说话，仔细一听好像是妈妈的声音，于是蹦起来循声跑去。没错，是爸爸妈妈，他们正和爷爷奶奶说话呢。岚岚激动极了，一下子扑进妈妈的怀里，说道："你们不是说来不了吗？"

"我们工作临时有了调整，所以就来了。"

"我真是太高兴了。"

"这么美好的节日，爸爸妈妈可是要陪伴你的。"

那天，妈妈又亲手给岚岚做了很多可口的饭菜，可岚岚觉得今年的月饼格外好吃，就连月亮也比往年亮很多。

中秋节对于一些孩子来说，月饼等美食是第一位的，但是如果父母能够将这个节日过得有仪式感，那么在孩子的心中，中秋节不仅有美食，更有亲情、团圆。中秋节晚上，父母可以在赏月的时候，一边吃着月饼，一边给孩子讲讲中秋节的来历，讲讲月饼的来历，让这个节日过得更有仪式感。而这种仪式感一旦深入孩子的内心，那么他在长大之后，无论身在何方，只要抬头看见那一轮中秋的圆月，都会想到家和祖国。这也是我们中华儿女对中秋节最好的诠释。

5. 宝贝，今天是祖国的生日

10 月 1 日的国庆节是我们伟大祖国的生日，这是由无数革命先辈的热血换来的节日。当举国上下欢度国庆的时候，我们不仅要怀感恩之心，也要教育我们的孩子珍惜来之不易的生活，要好好学习，不辜负革命先辈的努力与付出。

　　每年国庆长假，同学们大都由他们的爸爸妈妈带着去游山玩水，品尝美食，可小航的假期却与众不同。

　　小航爸爸是一名退伍军人，有着很深的家国情怀，他也希望小航能够继承自己的爱国情怀，热爱祖国，珍惜生活。于是每年的国庆节，爸爸都会带着小航去参观各地的革命博物馆和爱国主义教育基地，让他感受幸福生活的来之不易。

　　今年的国庆节，爸爸带小航参观了革命历史博物馆。在博物馆里，他们看到了许多非常简陋的武器。爸爸说，革命先辈们当年就是用这些武器进行战斗的，这些武器是我们国家从无到有建立的证物。听着爸爸的解说，小航虽然还不能深刻地体会老一辈人的革命精神，但是他的心中却充满了敬佩之情。他也似乎得到了前所未有的力量，好好学习的目标就更加坚定了。

　　国庆节回来之后，同学们都在谈论他们的旅游经历，小航也说了自己和爸爸参观革命历史博物馆的经过。大家听了，纷纷称赞小航的假期最特别、最有仪式感。小航听到同学们的称赞，更加自豪了。因为在祖国生日这个重要的日子里，爸爸对自己进行了爱国教育，他觉得这是爸爸给自己最好的礼物。

　　我们的祖国历史悠久，文明灿烂，现在正处于实现中华民族伟大复兴的关键时期，需要我们中华儿女去共同努力。所以在国庆节的时候，我们应着重培养孩子的民族自豪感，对孩子进行爱国教育，坚定他长大后报效祖国的理想信念。

国庆节还没到，优优就吵着要趁着长假出去旅游。爸爸问她："你想去哪儿玩呢？"

"我也不知道，就是想出去玩玩。"

"那咱们去北京好吗？去看看升旗仪式。"

"好的，我还没有亲眼见过天安门呢。"

"那咱们这样，10月1日，我们在家看国庆阅兵的直播，2日咱们出发去北京，正好3日早上看升旗仪式怎么样？"

"好！"

国庆节那天，爸爸和优优坐在电视机跟前，看着中国人民解放军一个个方阵迈着豪气的步伐从天安门广场前走过，心情可激动了。优优时不时地就会喊上两句："爸爸，你看，解放军叔叔的步伐多整齐！""你看，女兵走得多好，我长大了也想当女兵。""这个装甲车看着好厉害呀！"……她越说越激动，迫不及待地想去北京看看。爸爸说："我们的祖国真的越来越强大了！"

3号凌晨，爸爸妈妈和优优就到了北京。让优优没想到的是，即使这么早的时间，天安门广场栏杆外已经人山人海了。优优他们站在人群中等待着，为的就是目睹升国旗的精彩时刻。当国旗护卫队迈着整齐的步伐从天安门走出的时候，优优整个人都激动

得颤抖起来，在五星红旗冉冉升起的那一刻，原本喧闹的广场顿时鸦雀无声，人们都凝神静气，向着国旗行注目礼，优优情不自禁地抬起手向国旗敬礼，一种前所未有的自豪感在她心中升腾着。

假期结束回到家以后，优优仍对这几天的事情念念不忘。她对爸爸说："爸爸，这个国庆节是我过得最有意义的国庆节，我会永远记在心里的。"

"只要你觉得有意义就好。国庆节是祖国的生日，将来你还能有更多有意义的方法给她庆生，爸爸希望你永远为自己是中国人而骄傲。"

优优深深地点点头，她把爸爸的话记在了心里。

国庆节，是中国人最具自豪感的一个节日。在这个特殊的节日里，作为父母，我们更应该选择具有仪式感的活动，激发孩子的爱国热情，并让其在孩子心中留下深刻的记忆，激励他更加努力学习，将来为实现中华民族的伟大复兴贡献出自己的一份力量。

6.宝贝，今天妈妈给你熬腊八粥

"小孩小孩你别馋，过了腊八就是年。 腊八粥，过几天，哩哩啦啦二十三。 二十三，糖瓜儿粘；二十四，扫房日；二十五,炸豆腐; 二十六,炖白肉……"腊八节是我国的传统节日，时间在每年的农历十二月初八。在这一天，很多地方有吃腊八粥的习俗。在北方地区，人们还会腌制腊八蒜，以此来庆祝腊八节。

每年腊八节的早上，天还不亮，圆圆的妈妈就起床了，她要给全家熬腊八粥。因为在她的家乡有一种说法：腊八粥一定要在太阳升起来之前吃，否则就会红眼睛。尽管这并没有科学依据，但很多人也因为习俗早早起了床。

    妈妈做饭的时候很轻，生怕打扰到了正在熟睡的圆圆。什么时候粥熬好了，妈妈才会在圆圆的脑袋上轻轻地拍一拍，说："宝贝，起床喝腊八粥吧。"

    这时，圆圆总是睁开睡意蒙眬的双眼，吃惊地问道："妈妈你什么时候就起来做饭了？"然后就慢吞吞地开始穿衣服。

    直到看着圆圆把粥喝完，妈妈这才放心地说："好了，玩去吧。"虽然那时候圆圆总搞不清楚为什么要喝腊八粥，可每次喝完，她的心里总是很踏实，感觉到妈妈的爱充满她的心田。

    后来，圆圆长大了，有时候，腊八节那天并不能在家，也就喝不上妈妈亲手熬的粥，但她心中总是十分怀念妈妈熬腊八粥的场景。每当早上醒来，她总渴望有人拍着自己的脑袋，并端来一碗热气腾腾的粥。可这一切终究因为距离不能成为现实。于是妈妈的那句"宝贝，你今天喝粥了吗"总是让她感慨万千。

在中国，每个节日都有各自的特色，都有各自的仪式。节日本身就能够产生强烈的仪式感，但留在孩子内心最深处的仪式感还是父母用他们特有的方式所带来的。对圆圆来说，腊八节最具仪式感的还是妈妈那句"宝贝，你今天喝粥了吗"。如果失去家长所赋予的仪式感，那么孩子们对腊八节的印象也将减弱几分。

小冉的妈妈在生活中是一个"粗枝大叶"的人，她对过节之类的事情一向不太在乎，一年中也就只有春节和中秋节可以让她忙碌一下，像端午、腊八这样的节日她一向都是不过的。然而小冉却对每个节日都极为重视。

每年腊八节早上，孩子们讨论的都是腊八粥的话题。

"我妈妈早上五点就起来熬粥了。"

"你家的腊八粥里都放些什么东西呀？"

"你家的腊八粥是红色的吗？"

……

每当谈到这些话题，小冉就仿佛变成了一个局外人，因为她没吃，也不知道该说些什么。这种格格不入的心情让她很难受。

回到家以后，她就跟妈妈抱怨："妈妈，你为什么不熬腊八粥呢？"

"腊八粥有什么好吃的？和平时的粥也差不多嘛。"

"可是小伙伴们都喝腊八粥了，只有我没有。他们谈论腊八节的时候，我连说话的权利都没有。"

看着孩子委屈得都要哭出声来，妈妈只好安慰说："好啦，好啦。明年给你做还不行吗？"听了这话，小冉的情绪才稍稍平静了一些。

第二年腊八节，小冉头天晚上就嘱咐妈妈要早些熬好粥。第二天早上，当小冉看到热气腾腾的腊八粥后，她的脸上立刻笑开了花，就好像看见珍馐美味一样。吃完后，她一溜烟儿跑到街上去了，因为今年她也喝粥了，有了炫耀的资本，这份喜悦是妈妈远远不能体会的。

看着心情激动的小冉，妈妈才意识到孩子的快乐很简单，只要有仪式感他们就能非常满足。于是她在心中告诉自己：为了小冉，以后还是把日子过得有乐趣一些吧！

腊八节在孩子心中，不单单是喝那一碗腊八粥那样简单，而是这一天浓浓的仪式感让孩子感受到节日的气息。按照传统习俗，腊八节这一天的早饭是一年中最早的，因此，为了熬制这锅香喷喷的腊八粥，父母会起得更早。而看着父母忙碌的身影，孩子能很自然地感受到父母的辛劳和他们对自己深深的爱。